介護という生き方に強くなるために

―― 我が家の介護備忘録 ――

AFP 水越信男

はじめに

　人生80年以上生きればほとんどの人が介護を必要とする時期が来ます。その時はあなたを誰が介護するのでしょうか。「お金」があれば、介護付き有料老人ホームでの介護が選択できます。有料老人ホームも入居するときの契約書には注意が必要です。健康状態が悪化した場合は、契約を解除されたり、費用が加算されたり、入居一時金が退所するときに戻らないケースなどいろいろあります。また、介護付き有料老人ホームでも、同居の夫婦が、認知症の妻の世話に疲れて心中するケースや介護士に虐待されるケースなど深刻な事件が起こっています。

　社会福祉法人の運営する特別養護老人ホームの費用は10万円前後からユニット型では15万円前後の費用で入居可能ですが、特に東京などの大都市は施設が不足していて、入居までに数年間は待機します。特養の場合は入居施設を自分で選択することはできません。新しい特養はユニット型が中心で費用が高くなっています。
　在宅介護の場合は、介護保険の範囲内で介護サービスプランを立てます。在宅介護のネットワークは、まずは包括支援センターの存在を知らなければなりません。私の町では高齢者あんしんセンターと呼んでいます。ここでは介護のすべてを相談することが出来ます。在宅介護の場合は介護サービスと介護プランを計画するケアマネージャーの選択が重要です。この方の介護プランニングの良し悪しが在宅介護の決め手になります。そして訪問介護をしてくれるホームヘルパーの方、訪問医療をしてくれるホームドクター、そして有能な訪問看護師の方などの情報を事前に確認しておくことが大切です。
　特に認知症高齢者の在宅介護の場合は、あらゆる手段を活用してケアすることがポイントです。私の住んでいる東京都北区では、徘徊高齢者家族支援サービスや在宅療養者訪問支援、訪問相談事業、

こころの相談室などのサービスがあります。また、認知症の方と介護している家族を対象にした家族会、電話相談も数多くあります。
　私はまだ認知症高齢者の介護地獄のような体験はしておりません。本で紹介されている多くの介護の事例を読みながら、本当に自分は在宅介護が出来るのかを考えると不安になります。
　この不安の原因は何だろうかと考え、結論が介護や認知症の問題に対しての予備知識がないことが原因だと気づきました。
　この本は介護や認知症に対しての知識について、私が読んだ本から抜粋したものです。そして、介護という生き方に強くなるために、3つの視点で問題意識を持ちました。
　第一は認知症に対しての関わり方の知識です。
　第二は在宅介護と介護施設と病院での介護の知識です。
　第三は長寿時代の年金生活と老後破産の対策です。
　この問題意識の奥には、介護による老後生活において人生の幸福とは何か、そして尊厳のある生き方や死に方を問いかけられているようです。

目　次

第一章　介護という生き方に強くなるために
　　　　（介護に関して参考になった本）
　　１．スーパーブレイン…………………………………………　6
　　２．病気の９割は歩くだけで治る……………………………　8
　　３．「平穏死」という親孝行…………………………………　9
　　４．「介護」現場からの検証…………………………………11
　　５．介護現場はなぜ辛いのか…………………………………15
　　６．私の特養ボランティア体験………………………………16
　　７．スクラップ・アンド・ビルド……………………………17
　　８．転倒予防……………………………………………………18
　　９．自衛する介護………………………………………………19
　１０．認知症「不可解な行動」には理由がある………………23
　１１．認知症に勝つ（文藝春秋スペシャル）…………………30
　１２．認知症シリーズ（産経新聞）……………………………40
　１３．介護保険は老いを守るか…………………………………45
　１４．特別養護老人ホームの入所案内…………………………52
　１５．老後の真実（誰も言わない老人ホーム入居の心得）…56
　１６．老人漂流社会………………………………………………59
　１７．老後破産……………………………………………………65
　１８．透明な歳月の光（産経新聞）……………………………70

第二章　我が家の介護備忘録
　テーマ１．介護と施設…………………………………………72
　テーマ２．デイサービス施設の選択…………………………73
　テーマ３．薬の選択と管理、そして処方の難しさ…………73
　テーマ４．転倒予防の対策……………………………………75

テーマ 5． 母のショートステイ体験……………………………78
テーマ 6． 母の要介護の生活………………………………78
テーマ 7． 要介護認定の際の母の介助内容………………81
テーマ 8． 母のアセスメント　87歳から90歳までの変化…82
テーマ 9． 母の脳の活性化のためにラジオと歌謡ディスク……84
テーマ 10． 両親の声の大きさの日々の悩み ………………85
テーマ 11． 眼鏡の購入と値段の判断能力 …………………85
テーマ 12． ニッパの爪切り …………………………………86
テーマ 13． 母の膝のサポーターの購入の失敗と成功 ………87
テーマ 14． 食事用エプロンの購入 …………………………87
テーマ 15． 町医者（かかりつけ医）の存在価値の確認 ……87
テーマ 16． 母の洗髪と加齢臭対策 …………………………88
テーマ 17． 起床の際のめまいと血圧の関連性 ………………89
テーマ 18． 母のうつと睡眠薬の関連性 ………………………90
テーマ 19． 在宅介護を支えるスタッフとネットワーク ………90
テーマ 20． 母の身体の痛みの特徴 …………………………91
テーマ 21． 介護対策会議 ……………………………………93
テーマ 22． 車いすと歩行器の選択 …………………………93
テーマ 23． 在宅用介護食品の現状 …………………………94
テーマ 24． 母の食事メニュー ………………………………95
テーマ 25． 母の介護保険サービスと介護費用 ………………96
テーマ 26． 介護サービス利用者の２割負担 …………………97
テーマ 27． 熱中症とクーラーと扇風機と水 …………………98
テーマ 28． 認知症予防、あの手この手 ………………………98
テーマ 29． 認知症に強い脳をつくるウォーキングのすすめ …99
テーマ 30． 誰でもできるピンポン運動の実践………………101

第一章
介護という生き方に強くなるために

参考になった介護の本との出会い
（本の中で印象に残る文章の紹介）

1. スーパーブレイン

　共著　ディーパック・チョプラ／ルドルフ・E・タンジ
　監訳　村上和雄　　保育社　　2300円＋税

> 　スーパーブレインとは何でしょうか。それは素直な心（英知）のことです。具体的には、脳は意識によって現実の映像が生まれます。そして意識を左右するものが心なのです。心には怒りや憎しみや執着や恐怖などがあります。この心が煩悩の心です。この心をセルフコントロール（自己制御）することで、煩悩の心の奥にある、限りなく素直な心で、脳を活かすことがスーパーブレインということです。

●村上和雄氏のこの本の解説から……
　怒りや恨みや憎しみなどの感情を持つと、それが悪い遺伝子を活発にしてしまい、ガンや心臓病の原因となる炎症を起こす。一方、喜びや愛、他人の成功を喜ぶという感情を持つと、良い遺伝子が活発になり、体は病気にかかりにくくなって、肉体年齢も若返る。
　脳には心と身体と外界のバランスをとる自己制御装置があり、これを上手に使うことによって、素晴らしい人生を築くことができる──と。
　脳に使われるのではなく脳を上手にコントロールして使うことが肝心だ。そのためには固定観念を捨てさり、柔軟性をもってリラックスすること、素直であること、心配しないことなどが大切である。そうすることにより、あらゆる局面を切り開くことが可能になる。──
　脳の老化にかかわる認知症やうつ病まで克服できる可能性がある。

・・・・・・・・・・・・・・・・・・・・・・・・・・・・・・・・・・

1. スーパーブレインの十か条のなかから
　意識の根源は脳ではなく、心である。

2. 物忘れ……スーパーブレインで解決
　記憶力が落ちると、たいていの人は、すぐに脳のせいにする。本来は

脳を責める前に、自分の習慣、行動、注意、意欲、関心の的など心のあり様に目を向けること。

3．うつ病……うつ病は抗うつ薬では治らない
　①外部的要因としての長期にわたるストレスからの解放
　②自滅的反応（自己否定など）の考えを柔軟な反応に変える

4．肥満……スーパーブレインで解決
　より良い対処法を学ぶ。感情を抑えれば一時的に鎮まるが、必ず戻ってくる。あなたは感情を対処するために食べている。対処法は他にもあるし、他の対処法が身につけば食べたいという衝動は小さくなる。

5．不安……スーパーブレインで解決
　不安は誤った現実を生み出す。実際に無害なものを恐怖の対象として認知するようになる。結果、恐怖の対象に取り囲まれていく。しかしその恐怖は、人の心によって後付けされたもの。そうであるならば恐怖を心で打ち消すことができれば、危険は消え去る。

6．個人的ピンチ……スーパーブレインで解決
　ピンチに立ったとき、次の問いかけをしよう。
　①これは解決すべき問題か、我慢すべき問題か、それとも手放すべき問題か。
　②同じ問題を解決したことがある誰かに相談できないか。
　③どうすれば、解決策を求めて自分の心のより深いところまで到達できるか。

7．アルツハイマー病に希望と光を見る
　　　　　　　　　　……ルドルフ・E・タンジのあとがきから
　ほぼすべての人が、アルツハイマー病の発症を増大または減少させる遺伝子変異を受け継いでいる。そのような遺伝子変異が環境要因と組み合わされて、あなたが生涯においてアルツハイマー病になる危険性を決定している。アルツハイマー病予防のためにあなたができることは、運

動と食事と社会参加や知的刺激です。

8．ディーパック・チョプラのあとがきから
　脳には無限の可能性がある。脳はいまこの瞬間にそれぞれの人が作り上げている現実を映し出す。あなたの心は騎手であり、あなたの脳は馬である。

2．病気の9割は歩くだけで治る

長尾和宏　　山と渓谷社　　1200円＋税

> 　現代病の大半は「歩かないこと」が原因、というこの本の内容は非常にわかりやすく共感します。そして著者の「歩く」ことに対してのビジョンである「簡単」「無料」「医者いらず」は、まさに最高の健康法です。

　兵庫県尼崎でクリニックを営んでいる町医者と本人は言っています。私が長尾和宏先生を知ったのは尊厳死協会のセミナーでした。

①メタボ健診に足りないのは、歩くこと。歩かないからメタボになり、メタボが心筋梗塞、脳卒中、そしてがんと認知症を引き起こす。

②歩くことは、認知症の最大の予防法であり、最強の治療法。

③多くの睡眠薬は依存症があり、転倒・認知症リスクを上げる。

④胃腸を正しく動かすには、良い食事に加えて、歩いて自律神経を整えること。歩けば腸内環境も良くなる。

⑤「骨折＝入院」とは限らない。骨折部位にもよるが、骨は勝手につくもの。骨折で安静にしていたら歩けない体がつくられる。在宅の常識は「痛みが取れ次第歩行」がポイント。

3.「平穏死」という親孝行

長尾和宏　　アース・スターエンターテイメント　　1200円＋税

> 「平穏死」とは、「自然に任せる穏やかな最期」という事のようです。しかし子供が親の病気に対して「延命治療」か「平穏死」かという選択はなかなか出来ません。この本では、「親を平穏死させるための知識と方法」を親だけでなく「子供のあなた」に伝えるものです。

● 在宅医として700人を自宅で看取った名医が教える
　「親を幸せに看取るための、子供がすべき27のこと」
　の中より私の印象に残った項目

① 在宅看取りと決めたら、救急車を呼ばずに在宅医に電話して待つこと。

② ケアマネージャーと相談して評判のいい訪問看護ステーションを紹介してもらう。

　　※訪問看護師の主な仕事は、身体の清拭、入浴介助、食事や排せつなどの介助などの身の回りの世話から血圧、体温、などの容態チェックなど。

③ 肩の凝らない「在宅介護」「在宅療養」は「いいかげんな介護」を目指す。認知症の在宅医療は10〜15年の「長期戦型」です。

④在宅医療に必要な「医療費・介護費」を計算する。

⑤なんでも相談できるケアマネージャーを探す。

⑥病院が一番という思い込みを捨てる。

⑦こどもが親の「平穏死」を邪魔している。

⑧看取りの実績のある「在宅医」を探す。

> ※訪問介護と訪問看護の違い
> 　訪問介護はケアマネージャーとの介護計画に基づいて生活援助や身体介護を行います。訪問看護は医師の指示に基づいて在宅療養者に対して看護サービスを提供するものです。介護保険による訪問看護は介護保険サービスの単位数が倍以上になります。

4.「介護」現場からの検証

結城康博　　岩波新書　　760円＋税

> 現在の高齢化社会においては「介護の公共性」といった側面は無視できない段階に来ています。この本は、介護現場で「今、何が起きているのか」、そして介護保険制度における財源問題の実情まで検証しています。

● 「第一章の介護サービスが必要になったら」の中から

①介護保険サービスを利用するには、まず自分の住んでいる自治体に介護認定申請を行い、要支援者または要介護者の認定を受けなければならない。

②介護保険制度を利用する際には、ケアマネージャーがサービス調整を行うため、良いケアマネージャーを選ぶこと。実際の介護現場では、「介護福祉士」または「ヘルパー」が利用者と接する機会が多い。

③介護現場では「デイケア」と「デイサービス」といった通所型施設サービスがある。両方とも高齢者が送迎バスで施設に通い、入浴、昼食、レクリエーションといった活動を楽しめる。ただし、「デイケア」では主にリハビリなどが力点に置かれている。

④認知症の一人暮らし高齢者の場合は、その支援はかなり難しい。特に財産関係の取り扱いには、第三者は介入しづらい。一人暮らしの高齢者の支援においては金銭がらみの問題が最も面倒である。特に身寄りがない場合は、本人以外が通帳からお金を引き出すことは著しく困難であり、入院や各種手続きといった契約事項にも手間がかかる。

⑤長期間の在宅介護を通しての感想のなかで……
　延命治療としての「経鼻栄養法」(鼻からチューブをいれて栄養補給

を行う）か「胃ろう栄養法」（腹部から胃にチューブをいれて栄養補給を行う）を在宅でする場合の介護体制は？

　経鼻栄養法の1回の食事時間は2時間程度かかり、3食の場合6時間かかる。その他の痰の吸引や褥瘡予防の体位交換の世話で、息もつけないほどの介護になる。

⑥家族介護の限界

　寝たきりとなった高齢者を介護することは、家族にとってかなりの負担となり、24時間体制で介護する状況です。

　介護保険サービスでは、1日3回（1回90分）程度（介護度によって異なる）が使えるのみで、後は家族介護に依存します。家族の負担を考えて、長時間のヘルパーサービスや訪問看護サービスが利用できなければ、家族の介護疲れは解消されない。

　「ショートステイ」といって短い期間、介護施設へ預けるサービスもあるが、全国平均で「2ヶ月待ち」という状態です。

　現在の在宅介護保険サービスは、家族介護に依存している。

⑦家族による高齢者虐待

　当初は献身的に在宅介護に取り組んできた家族が、先の見えない介護生活に行き詰まり、虐待から殺人といった最悪の結末を迎える。このような結果に至るまでに何らかの支援や対応がなされていれば事件は防げたかもしれない。この項目では明日は我が身であることを痛切に思う。

⑧老人保健施設の現状（特養と老健施設の違い）

　介護保険が適用されている施設には、特養と老健があります。どちらでも利用者の負担額はそう変わりはない。特養との違いは、老健では、入所しても3ヶ月～1年以内に退所することが前提となっています。しかし入所者が在宅へ戻るケースは少ない。

　利用者の中には、順番が来て特養に入所が決定するまで、6ヶ月ごとに老健施設を変わりながら入所を続けることになる。その場合は入

所と同時に6ヶ月先の次の老健への申込を行うことで、入所者の支援を繰り返すことになります。

● 「第二章　現場と政策とのあいだ」の中から

①施設サービスの見直し

　　介護保険制度の代表的な施設サービスとしては、特別養護老人ホーム（特養）、老人保健施設（老健施設）、介護型療養病床の三施設がある。新制度ではこれらの利用に際して「居住費」及び「食費」と称して、新たに利用者側の負担が求められるようになった。

②小規模多機能型居宅介護事業の現状

　　この事業は主に認知症高齢者向けの在宅介護の拠点となることが期待されています。この場合の介護士は「通い」「宿泊」「訪問」といったすべてのサービスをこなせる能力が必要で、人材難であり、事業経営は厳しい現状です。

③介護サービスの認定審査

　　一次審査は市区町村が調査します。基本的には身体動作と日常生活調査などで調査員が家庭を訪問して聞き取りを行います。

　　二次審査は、一次審査と主治医の意見書をもとに「二次判定」として最終的に審査委員会で介護度が決められます。

● 「第三章　介護予防システム」の中から
　この章のポイントは要支援と要介護の違いです

①要支援は介護予防という視点で、本人の自立に向けた目標設定の上でのサービスとなり、在宅系サービスにおいては、要支援も要介護も、ほぼ同じ内容になります。

②介護予防（要支援）の福祉用具貸与と介護給付（要介護）の「福祉用具貸与」との比較では、介護予防の福祉用具の種類が少ない。

③施設系サービスにおいては、要支援1・2の場合は保険内で利用できるサービスの種類が減る。例えば特別養護老人ホーム（特養）や老人保険施設（老健）などへの入所は不可となる。

④デイサービスの利用は週1回のみ。
　要支援1の場合はデイサービスへの通所は週1回に制限される。
　要支援2の場合はデイサービスへの通所は週2回が上限となる。

　　※要介護1と判定された高齢者が週3回のデイサービスにかよった場合、要支援2と判定されると結果的にデイサービスは週2回に削減される。

⑤老年症候群と口腔ケアについて
　「老年症候群」とは、加齢にともない生活に不具合を生じさせてしまうこと。問題は、老年症候群に気づくことなく、徐々に衰えていく自分を自覚しないことがあることです。介護予防のポイントは本人が「気づく」ことにあります。
　「口腔ケア」とは口の中の衛生状態を保つことで、健康保持・増進につながり、例えば肺炎や発熱などの予防につながる。高齢者になると歯磨きや入れ歯の管理を怠りがちになり、感染症を招きやすくなってしまう。特に寝たきりの高齢者の場合は顕著である。

● 「終章　現場に歩み寄るための道筋」の中から

①療養病床の再編・廃止をめぐる問題
　　介護型療養病床や医療型療養病床が削減され、受け皿として介護療養型老人保健施設や在宅介護への転換が行われる。

②老人保健施設の最大の問題は「健康保険」が使えずに、医療行為が限定されることだという。

5．介護現場はなぜ辛いのか

——特養老人ホームの終わらない日常
本岡 類　　新潮社　　1500円＋税

> 「特別養護老人ホーム」で働いた著者が体験した介護は、食事と入浴の介助、そしてウンコとオシッコの世話であった。この本は特養で入所者の生活や介助スタッフの辛い労働環境、終わらない日常が具体的に描かれています。

●この本の中で印象に残った言葉
　＜介護で大変なのが入浴とウンコとオシッコの世話なんです。＞

①高齢者介護の大変さは入浴部分を除けば、ほとんどがウンコとオシッコについてなんです。トイレ誘導の際、介護者にとっていちばん助かるのは、介護されるものが便座に座って排便や排尿をしてくれることです。次にリハビリパンツの中に尿だけしてくれる場合で、これはパッドの取り替え、陰部を清拭の布で拭くだけですみます。大変なのは便がしてある時で、それも下痢や軟便となるとオムツに比べてリハビリパンツでは防ぎとめることが出来ず、ズボンを汚したり、ひどい場合は車いすのクッションまで汚れが及びます。　　　　(P.59～70)

②精神病院の認知症病棟で研修を受けたときにオムツ交換で、女性患者が介護士の腕にオシッコをかけて、さんざん叱責されていた。介護士の対応に反発を覚えながらも、女性患者に対しても、わざわざオムツ交換の時に排尿しなくてもいいじゃないかと非難の目を向けていたような気がする。しかし違うのだ。
　高齢者が不適当なところで排便や排尿をしたり、不意に怒りを爆発されることで、その人を攻めてはならないのだ。身体のコントロールや感情のコントロールがどんどんできなくなることが、高齢とよばれる歳を過ぎて、さらに年を重ねるということなのだ。　　(P.229)

6．私の特養ボランティア体験

　私の住んでいる北区の特養で6ヶ月ほど介護のボランティア体験をさせていただきました。体験のきっかけは、知り合いの区議会議員（現在は都会議員）と北区の特別養護老人ホームの実態を視察するときに、実際にボランティア体験をしようと思ったことです。

　体験期間は6ヶ月で、主に食事の介助やベッドメイクが中心で、高齢者の身体介助もさせていただきました。まだヘルパーの資格もなく、夢中でスタッフのやり方を見ながら教えていただきました。

　私が体験した時は、入所の条件が、要介護度の高い人から優先されるというより、申し込みの早い順番だったので、入所者の中には自立して生活しているような方もいました。認知症の方も共同生活していました。

●体験からの印象
1．入所者同士の自主的なコミュニケーションはありません。
2．コミュニケーションは施設スタッフが中心で行う。
3．生活の中心は食事、排せつ、入浴で、介護生活。
4．自立している入所者も短期間に認知症になる可能性。それは主体的な会話ができない空気または環境です。
5．生活のなかの自由度はなく、個人の尊厳は低下する。
6．入所者のグループワークは画一的で単純なもの。
7．スタッフは多忙で、個人の悩みなどを傾聴する時間がない。

※体験するまでは特別養護老人ホームという施設は、建物が立派で、入所費用が安くて、高齢者の介護施設としては最高の場所のように思っていましたが、実際に体験してみて、在宅で自由に生活できることは、どんな施設にも勝るものと感じました。

7．スクラップ・アンド・ビルド

羽田圭介（第153回芥川賞受賞）　文藝春秋社　　1200円＋税

> この本は、要介護老人と無職の孫との在宅介護を通しての葛藤の描いた家族小説です。タイトルが『スクラップ・アンド・ビルド』です。まさに「要介護老人と無職の孫」の介護のなかで、一貫して「尊厳死」とは何かを問いかけているように思います。

● 本の中より印象的なところ

① いくら調べても原因不明な神経痛……つまり本人にしかわからない主観的苦痛はとんでもなく大きいのだ。現代医学でも、やわらげようのない苦痛を背負いながら、診断上は健康体とされ、今後しばらく生き続けることを保証されている。祖父が乗り越えなければならない死へのハードルはあまりにも高かった。（P.12〜）

② 苦痛を怖がる祖父が、楽に三途の川を渡るための唯一の手段ともいえる服薬自殺にも一度失敗していた。
　　薬漬けの寝たきりで心身をゆっくり衰弱させた末の、死を病院に頼むこともできない。苦痛や恐怖心さえない穏やかな死。そんな自発的尊厳死を追い求める老人の手助けが、素人の自分にできるだろうか。（P.14〜）

③ 祖父の身体が摘便（てきべん）（介護する人が被介護者のお尻に指を突っ込み宿便を取り除く行為）が必要になるほどポンコツになるまえに、早く尊厳死願望を片づけなければならないと健斗は思った。（P.64〜）

④「ミリオンダラー・ベイビー」〜「死にたい」と切望する女性ボクサーの願いをトレーナーのクリント・イーストウッドが夜の入院病棟でかなえてやるラストシーンは考えさせられます。（P.74〜）

⑤祖父もまた特養の順番待ちをしながら生きているかもしれない。……特養に入れば介護のプロたちによる完全なる管理下で祖父は苦しみながら、もっと長生きさせられる地獄を味わうだろう。(P.118)

8．転倒予防

――転ばぬ先の杖と知恵
武藤芳照　　岩波新書　　700円＋税

> 「転ぶ」とは老化、病気、運動不足が単独あるいは複合して発生する身体的な現象ということで、特に認知症と薬による転倒リスクのことや、転ばぬ知恵が具体的な事例でわかりやすく書かれています。

①**歩くとは**……足の老化が早い人ほど、要介護状態に陥る可能性が2倍以上高く、寿命が短くなる可能性も2倍近いことが推測される。

②**転ぶのは結果**……加齢や運動不足そして病気の薬などが原因。

③**転ばぬ先の知恵**……すべる・つまずく・落ちる。
　　　　　　　住居内整備（浴室・階段・台所・玄関など）。

④**認知症と転倒**……認知症高齢者の転倒予防のために大切なことは一人一人の人生と心に寄り添った対応を心がけること。

　　※施設では介護者が不足のために転倒やベッドからの転落などのリスクがあります。ショートステイなどでの施設での転倒は自己責任のサインをします。

⑤**人生七転び八起き**……転んだら起きればいい。

9. 自衛する老後
――介護崩壊を防げるか
河内 孝　　新潮新書　　720円＋税

> 介護に対しての「オムツ外し」「自力歩行」「胃瘻・経管栄養外し」の技術向上が大切であると述べられている竹内教授の言葉に感銘しました。それを実践している介護施設があることも知りました。介護について、目からウロコが落ちた感じです。

● 「第一章　日本の介護体質をぶち壊す・竹内イズムの挑戦」の中から

① ピンピンコロリを人工的に作り出す介護技術

　具体的には「オムツ外し」「自力歩行」「経管栄養や胃ろう装置を外す」ことです。

※なぜオムツゼロにこだわるのか

　竹内教授の言葉（国際医療福祉大学大学院　竹内孝仁教授）「少しでも意識ある人間にとって、他人に汚れたお尻を見せることがどんなに屈辱的か。オムツすら外せないで、高齢者の尊厳だとか自立なんて、お題目を唱える資格はない。」

② オムツを外すためにはどうすればいいのか

　竹内教授の言葉「第一に水だ。毎日最低 1500ml を飲んでもらう。多くの施設では入居者は恒常的に軽い脱水状態に置かれているといってもいい。十分な水分が組織を活性化して、下剤の廃止や、各種の運動と合わさって、排便リズムを一定にする。」

　高齢者の便秘の機械的な下剤処置は、身体を弱らせオムツ使用による自立心をダメにする。下剤に頼るとオムツに移行しやすい。

③多くの介護施設の実態

　竹内教授の言葉「おむつ交換、食事介助、入浴介助が施設での三大介護と呼ばれてきた。オムツ交換は介護ではない。誰でもできる作業で、そのための基礎知識も理論も学ぶ必要はない。

④床ずれは、体位の交換なんていくらやっても治らない

　そこで考え方をひっくり返した。人間の皮膚で一番強いのはお尻だよね。それなら寝たきりから車いす生活に変えればいい。

● 「第二章　介護保険どこへ行く「在宅シフト」の矛盾」の中から

①厚労省はなぜ施設介護から在宅介護へ拍車をかけるのか。

②膨張する介護保険費用に応じるためには、大幅な給付の削減、消費税増税、本人負担額の増加しか道はない。

③一人暮らしの高齢者は全高齢者世帯の 22％で、夫婦のみの世帯を加えると52％（内閣府「高齢社会白書」2010年）になる。

④独居老人世帯は今後とも増え続ける。老々介護も出来ない、家族の介護力もあてにできない（介護のために仕事や結婚まであきらめる子供）。

⑤質の高い介護と家族愛は両立しない。

⑥役人の考えるサービス付き高齢者住宅への住み替えは要注意。

⑦どこで介護されるかではなく生活の質を維持できること。

● 「第三章　地域介護の旗手」の中から

　この章で参考になったことは、地域の特別養護老人ホームの意義と目的と現実の矛盾です。

　現在の介護保険制度では要介護度の高い入居者の方が介護報酬が多くなり施設の財政が良くなります。しかし自立度を高める介護をすると

逆に介護報酬が少なくなり施設の財政は悪くなります。
　それではいつまでも特別養護老人ホームでの入居者の自立化はできません。介護施設が入居者の「終の棲家」となっている現状です。

※地域介護の旗手
①青森県弘前市の「サンアップルホーム」おむつゼロ宣言施設の物語
　　おむつ外し、自力歩行、胃ろう外しによって自宅に暮らせることが使命の質の高い介護施設です。

②特養での職員の会話
　　「あの人歩けなくなって助かったね、要介護5より要介護4～3の人の方が手間がかかるから」とささやき合っているのを聞いて愕然としたという。入介護者の要介護度が上がるほど、高額な介護報酬を受け取れる。一方、重度ほど寝たきり状態に近づくから世話が楽。このように逆さまの理屈がまかり通るのも、介護の質や入居者のQOL（生活の質）改善に目を向けない介護報酬行政のひずみからなのだ。

③離職率の高い施設と低い施設
　　良い施設にはよい職員が集まり、離職者が少ない。一方、離職率30%の施設では女性退職者の40%が「職員同士の人間関係がうまくいかなかった」ことを理由にあげています。

④千葉市・介護老人保健施設「うらら」の紹介のなかで
　　老健は特養と違って、リハビリテーションを中心に医療サービスにより入居者の在宅復帰を目的とする施設です。したがって入所期間は3ヶ月程度。うららには認知症専用フロアもあります。精神病棟からきた看護師にすれば重い認知症の方も「軽度です」という。扱いも勉強して慣れている。
　　老健での課題は、実際に3ヶ月でリハビリが終わり自宅に戻れる入

居者はほとんどいない。一人暮らしの人はもとより、家族が居ても体力的に介護は無理で「なんとかもう少し預かってほしい」と頼まれる。
　３ヶ月ごとにケアプランを作り直して、再延長するのだが、それも限度がある。そこでいったん退所してすぐ戻る老健のたらい回しにする便法を使う人も出てくる。制度の目的と利用実態が大きくズレているのが現状。

●「第七章　自衛のための基礎知識」の中から

　有料老人ホームへの入居を検討される方は、くれぐれも家族と重要説明書を精読したうえで、お泊り体験なども繰り返して後悔しない選択をしてほしい。

●「第八章　やがて来る日のために」の中から

　この章では生活の質（QOL）よりも死の質＝患者の尊厳を尊重する終末期医療で使われる言葉、死の質（QOD）のポイント

①日本尊厳死協会に入会して延命治療の謝絶カードを用意する。
　　現在は認知症になった後の延命治療について本人の意思が確認できないために、健康な時に本人の意思を宣言する方法。

②尊厳死をするためには、家族が延命治療と尊厳死の違いについて理解することが大切です。しかしケースバイケースです。
　　延命治療しない場合の、病院から自宅療養などへの介護体制のネットワークの情報も事前に確認しておくことが大切です。

10. 認知症「不可解な行動」には理由がある

佐藤眞一　　ソフトバンク新書　　760円＋税

> 　認知症についての「不可解な行動」の理由がわかりやすく、ケーススタディが豊富です。また、その介護の関わり方に、ケアとコントロールの違いがあることを知りました。そして自分の介護がコントロールになっていることも気づかされました。

　自分の家族が認知症になった場合、どのように在宅介護をすればよいのかのテーマに応えてくれる本なので紹介します。結論的に言えば「家族介護の神話」から抜け出して他者の手を借りることです。虐待や心中や介護殺人にならないようにするためには社会的なサポートを活用することがポイントです。

●「第一章　認知症の人が抱える不安、家族が抱える不安」の中から

（1）認知症の問題
①見当識障害……「今はいつ」「ここはどこ」「あなたは誰」のような時間・場所・人の三つを認識する能力が弱くなること
②記憶障害……自分のしたことを忘れてしまうこと

〈ポイント〉
　認知症の人の行動と介護する人の行動はすれ違っています。そのため介護する人は認知症の人の行動の意味がわからず、イライラし、あるいは悲しくなり、疲労困憊していきます。しかし本当は一番つらい人は認知症の人自身なのです。なぜなら今がいつか、ここがどこか、相手が誰かわからない。さっきしたことも思い出せない。事実であると思っていったことを否定される。認知症の人は実在不安の中で生きています。

（2）物忘れ外来

最近どうも物忘れが多いとなると物忘れ外来に行きます。そこで認知症かどうかの診断だけでなく、もっと軽い段階のMICの診断が行われるようになりました。

〈ポイント〉

MICとは、軽度認知障害（健常な人と認知症の人の中間の段階の人）で正式な病名の診断ではありません。認知症が治らない病気であるのと同じように軽度認知障害も遅らせることはできても完治することはありません。

MICには健忘型と非健忘型があります。問題は、現状の物忘れ外来の診断でMICと診断されて、本人も家族もうつの原因にもなります。心のケアもないままで診断するのは問題です。ケアのない物忘れ診断は不安を増大させるだけのものになる可能性があります。

（3）認知症であることを自覚する苦しみ、見守る悲しみ

この章では、働き盛りの男性が若年性認知症になり、自分の存在を喪失していく過程での家族や社会からの関係性がなくなる苦しみと、それを見守る妻の悲しみが切実に語られています。

〈ポイント〉

介護する人はともすれば自分の大変さにとらわれて、介護される人の大変さを忘れてしまいがちです。自分が一番大変だ、自分だけが大変だと思ってしまうと介護を続けることが苦痛になってしまいます。そしてその先は、虐待や心中につながっていきます。

●「第二章　認知症とは、いったい何なのか」の中から

（1）「認知」とは一体何か

認知症は脳の委縮などで、短期記憶や作動記憶が低下しやすいのですが、長期記憶は重度になるまで比較的良好に保たれる傾向があります。

（２）認知のベースとなる「記憶」の仕組み

　認知症になると長期記憶は減ることがあっても、増えることがないかといえば、そうでもありません。認知症の程度にもよりますが、怒りや喜びなどの強い感情を伴った出来事や、なんども繰り返しやったことなどは、短期記憶から長期記憶に移行して長く保たれるのです。

　認知症の人は分割的注意（同時にいくつもの状況に注意を払う能力）が低下することで、車の運転や料理などが出来なくなります。また、極度に低下すると、道路を歩くことでの注意ができずに、段差やでこぼこで転んだり、自転車や自動車にひかれたりします。

（３）認知症とは、認知がどうなった状態か。

①認知症とはあくまでも症状であって、認知症という病気があるわけではありません。

②認知症を引き起こす病気とは

> １）アルツハイマー型認知症……脳のなかにβアミロイドという特殊なたんぱく質が蓄積することで、脳が委縮します。特徴は気づかないうちに発症して徐々に進行していくことです。
> ２）脳血管性認知症……脳梗塞や脳出血が原因で、あるとき急に悪くなります。
> ３）レビー小体型認知症……脳内に異常な構造物が作られることで発症します。幻視やせん妄という症状が特徴です。

③認知症には「中核症状」と「周辺症状」があります。

> 中核症状……記憶障害、見当識障害、思考・判断力の低下
> 周辺症状……行動症状には徘徊、暴言、奇声、異食、便をいじるなど

④認知症の治療とケアはどこへ向かうのか

　認知症で一番多いアルツハイマー病などの病気そのものを治す薬はまだありません。一時的に症状を改善させる薬や、症状の進行を遅らせるといったことが、現状での薬の働きです。

　正常圧水頭症のような場合は手術により完治が出来ます。脳血管性の場合のように間接的に予防できるものもあります。

〈ポイント〉
　認知症は治すことばかりに目を向けるのではなく、認知症と共に生きていくケアが大切になります。

● 「第三章　ケーススタディで理解する認知症」の中から

①外出しなくなった、趣味を楽しまなくなったなど
　　アルツハイマー初期の「意欲障害」「意欲低下」はうつ病と見分けにくい。逆に高齢者のうつ病がアルツハイマーと間違う。
　　※意欲障害は励ましてはいけない……傾聴して興味の視点を変える

②料理が出来ない、部屋の隅にガラクタをため込んでいる、やたら小銭がいっぱいある、約束を忘れるなど
　　※なぜ怒ってはいけないのか
　　認知症の人は作動記憶の低下や記銘力(新しく体験したことを覚える能力)の衰えによるもので、怒ることによって「怒られた」「責められた」という事実だけが記憶に残るのです。

③同じことを何度も言う、人の話をきかない、冷蔵庫に同じものばかりなど
　　記銘力の低下により自分の言ったことを覚えていない。
　　※認知症の人の介護の基本は「要求の受容と傾聴」です。これは学習をしないとむずかしい。特に家族の場合は甘えの構造により相手への期待が過剰に働きますので、感情的になり、傾聴できる関係性が難しい。

④いつも何かを探している、お金を盗んだ、浮気しているんだろう、など
　ものとられ妄想や嫉妬妄想が起こるのはなぜか？
　　※妄想状態にあるときは興奮していますので、言い返すとよけい興奮させてしまい状態を悪化させます。
　　※妄想状態にあるときはスキンシップが問題を改善することが知られています。

⑤服を着替えさせたり、入浴させたりしようとすると暴れる
　介護では、本人の意思がよくわからないために、介護する人の意思に基づいて何かをしてしまいがちです。
　認知症の人にも意思があります。服を脱がされることや、裸にさせられることに対して、見当識が低下しているので、不安になり、自己防衛のために暴れるのです。すぐにしないで本人と対話しながらゆっくりと行うこと。

⑥うその話をする、妄想を抱く、金銭に異常にこだわるなど
　認知症の人の言葉には、その人の人生が現れるのです。一見荒唐無稽な作り話や妄想にも深い意味があるわけですが、自分の人生で果たせなかった夢や生涯忘れられなかった思い出などが反映されている場合があります。
　認知症の人の妄想や作り話を否定するのは良い対処法とは言えません。認知症の人と家族とは相互に作用を及ぼしあっています。家族が混乱すれば認知症の人はさらに混乱するのです。

⑦周囲にいる女性の身体を触る、卑猥なことを言う、など・・・
　認知症の人が性的逸脱行為をした場合は、騒いだり恥ずかしがったりせずに、落ち着いてさりげなく行動することが大切です。
　介護とは本来、相手に思いやりを持ってすることです。そこに性的な問題が生じると介護の根源が崩壊してしまいます。
　解決策はケアマネージャーなど第三者を間にいれて、きちんとアドバイスを受けること。そして認知症とは何かを理解すること、その行

為の背景にある理由を知ることが大切です。

⑧夕方になると「家に帰る」といって家を出ていく、昼夜逆転

　認知症の人の徘徊には、神経の障害によってじっとしていることが出来ずに、本人の意思とは関係なく起こる徘徊と、何か目的があってする徘徊があります。例えば夕方になって家に帰ろうとする場合は、場所の見当識障害と時間の見当識障害が同時に起こった場合です。

　認知症の人が徘徊しようとしたり、夜間せん妄（意識の混乱）に陥っていたりする場合には、言葉の内容に反応せずに、本人の言葉を反復して、共感だけを示します。

　夜間せん妄に関しては、昼間の運動量を増やしてよく眠れるようにするのも有効です。

⑨オムツを外して廊下で放尿する、紙などを食べる（異食）など

　認知症の症状が出始め、しだいに妄想、徘徊、不眠、失禁が激しくなり家族介護が困難になっても、特別養護老人ホームは入所待ちの人が多く、グループホームも空きがなく、とりあえず在宅介護の状態が現実です。

●なぜオムツを外して廊下で放尿するのか。

　放尿は失禁と違って攻撃性の現れと考えられます。攻撃とは自己防衛の手段なのです。オムツを着けるのが嫌なのに無理やりつけさせられてしまうという他者の攻撃から身を守るための行為なのです。

●異食はなぜするのか。

　認知症の人は、第一に脳機能の障害のために臭いや味に対しての感覚が低下してしまいます。第二に快感によるストレスの解消です。

　人は何もしないでいる時がストレスであり、何かを食べてストレスを解消します。認知症の人は、脳の障害によって食行動が逸脱してしまい、食べ物でないものを食べたりしてしまうのです。

⑩オムツを外して自分の便をいじる
　認知症が進行すると、便をいじったり食べてしまったりする人がいます。（理由その１）脳の障害によって臭覚や味覚が感じられなくなっている。（理由その２）便を見てもそれが排泄物だとは理解できないのです。そのために便をしてオムツを脱いだところ、便があったので何だろうと思って触ったり食べたりしたということなのです。
　※解決の道　力づくでやめさせようとしても、やめさせることはできません。認知症の人をよけい興奮させるだけで、良い結果にはなりません。その場は、相手を落ち着かせることに心がけ、その後は頻繁に見守ることが良い結果につながります。

・・・・・・・・・・・・・・・・・・・・・・・・・・・・・・・

※認知症関連　その他情報

その１）多くの「ボケ対策」の本を出した著者の認知症への思い
　　　　早川一光(はやかわかずてる)氏の著書『わらじ医者の来た道』の中の言葉

　認知症への著書の変化の視点
　認知症に「ならないために」という視点から「なった時のために」という視点へ、そして「なるものはなる」という視点へと著書が変化していきます。
　そして最後の結論は、「呆けの対策」の基本は本人と家族の苦心と悩みを取り上げて一緒に考え、苦しみ、苦労することです、という介護の人生観になります。

その２）認知症介護者懇談会
　各自治体で高齢者あんしんセンターを中心に、認知症の家族の悩みを語る会が開催されています。自治体ニュースやあんしんセンターに開催案内があります。私も認知症介護者（男性）懇談会に参加して、参加者や臨床心理士のアドバイスは勉強になりました。

その3）認知症サポーター「100万人キャラバン」（厚労省）

　認知症サポーターは「なにか」特別なことをやる人ではありません。
　認知症サポーター養成講座を通じて、認知症についての正しい知識を習得し自分のできる範囲で認知症の人や家族を応援するのが認知症サポーターです。講座を修了すると認知症を支援するサポーターの「目印」としてオレンジ色のブレスレット「オレンジリング」が渡されます。

・・・・・・・・・・・・・・・・・・・・・・・

11．認知症に勝つ（認知症最前線）

文藝春秋 SPECIAL　2014年3月号（季刊）　　　952円＋税

　この本は「認知症介護」についての情報が満載されています。そのなかで特に私が感動した内容は、スペシャルエッセイとしての「認知症介護で強くなった家族の絆」です。認知症と家族の絆は超高齢化社会の家族の在り方や生き方を問いかけています。
　その他、特集として「認知症の予防と治療の最前線」や「介護と福祉の最前線」、そして「早期発見・早期治療への道しるべ」などです。そのほかに「あと5年期待の新薬をまて」「誰が親の介護をするのか」など内容が豊富です。
　また、「偉大なる指導者〜人生の黄昏」という内容があります。そこにはレーガン元アメリカ大統領のアルツハイマーのことや、鉄の女と言われた、サッチャー元英国首相の認知症のことが紹介されています。
　この本の「認知症に勝つ」ということは、体験者が語っているように、認知症とは何かを正しく理解すること。介護に関しての制度の勉強を普段からすること。そして認知症という病気に対して、在宅介護での家族の関わり方や包括支援センター、そしてケアマネージャーや医師と連携すること。経済的負担を軽くすることなど、総合的な対策を考えることなのです。

1．「ペコロスの母に会いに行く」秘話の中から　　岡野雄一
　マンガ「ペコロスの母に会いに行く」18万部のベストセラーが映画化される。
　　①僕は「認知症だから」という遠慮はせず、怒るときは普通の人と同じように怒っていました。
　　②在宅で介護している真面目な人ほど「逃げたいけれど逃げられない。24時間追い詰められ続けている」という重圧の反動として、介護を苦に自殺などへつながってしまうのではないでしょうか。
　　③「在宅介護は相手を抱きしめている状態」といいましたが、ちょっとその腕を緩めて離れてみてもいいのではないかと思うんです。

2．「ビデオカメラがとらえた母の介護3000日の真実」の中から
　　ドキュメンタリーディレクター　　相田　洋
　　①介護って何が一番大変かというと、自分の時間が全然なくなってしまうことだと思うんです。
　　②介護というのは、どうしても相手を客観視できなくて、感情的に厳しくなるということを聞きますが、僕の場合は撮るということで客観視していたんですね。
　　③息子が母親の下の世話をするのは難しいといわれていますが、相田さんはなぜできたのでしょうか。……認知症で逆に良かったんでしょう。
　　④認知症って状態が悪くなるときは何もわからないけれど、いい時は普通にニュースなんかも聞いて理解しています。
　　⑤これから介護にあたる人へのアドバイスは。……介護に関する制度の勉強だけは普段からしておいた方がいいですね。

3．「〈スペシャル対談〉城戸真亜子（洋画家）対　山登敬之（東京えびすさまクリニック院長）」の中から
　　①山登　ボケ初めが本人にとって一番不安なんですよね。だから初期の不安な時期に、もう少し母親のそばにいてあげればよかった

なという後悔はあります。
②認知症の介護ではトイレの始末が大変だと聞きますが……
　山登　僕のやったのはオムツ交換するところまでですね。母が歩ける間は、トイレに連れて行って排泄をさせて、新しいオムツに替えて寝かすということを週に一度やっていましたね。浣腸はあまりしたことがなくて、親父が全部やっていました。母親のお尻の穴に指を入れることは、かなりハードルが高いですよね。
　城戸　私は平気でしたね。やっぱり男性と女性はそこが大きく違うのでしょうね。一番大変なのは、オムツに移行するまでなんですね。本人がトイレの失敗を認めたくないときに、隠したりするんですよ。それを後始末するのが大変。
　山登　怒っても、わからないですしね。
　城戸　本人が一番悲しいですから。傷つけることは意味のないこと。

4．「介護と福祉の最前線」の中から
家族介護の落とし穴（決して一人で抱え込んではいけない）
　　医療ジャーナリスト　　堀口直人
①認知症を理解したうえで忘れてはならないのは、認知症になっても感情や感性は残っている。つまり「こころ」は生きているということだ。したがって感情やプライドを傷つけたりすると、当然ながら介護はうまくいかずに苦労するだろう。
②決して一人では抱え込まないで
　　家族介護者の心理的負担を軽減するために不可欠なことは、相談相手をつくること、そして医療や介護、福祉サービスを積極的に活用することである。
　　認知症介護は「長期戦」になるわけだから、誰か一人が介護や生活の世話を続けるのはかなり難しい。
③家族の真理はこのように変化する
　　「公益財団法人認知症の人と家族の会」副代表理事を務める杉山孝博・川崎幸クリニック院長は介護者がたどる心理的ステ

ップについて、同ホームページ詳しくまとめている。抜粋内容を紹介したい。

■ステップ1　戸惑い・否定
　突然の言動の異常に気づき戸惑う
　　↓
■ステップ2　混乱・怒り・拒絶
　異常な言動に混乱して、いくら注意しても同じ行動に怒りの気持ちが湧き上がり、精神的にも疲労困憊して認知症の人を拒絶しようとする。
　　↓
■ステップ3　割り切り・あきらめ
　さまざまな情報を得ることで、介護のテクニックが精通してくる
　　↓
■ステップ4　受容
　認知症に対しての理解が深まり、認知症の人の心理を自分自身に投影できるようになる。

5．「認知症介護で強くなった家族の絆」の中から
　　（介護を体験した著名人が明かす、家族の愛）

1）江村利雄（元高槻市長）
　大阪府高槻市長だった江村利雄さんは、1999年、寝たきりになった妻・登美子さんの介護のため、任期を1年残して市長を辞職。登美子さんが82歳で亡くなるまで7年間介護に専念した。
　①認知症の良薬は心から笑うこと。
　　家族と話し合い、100点満点ではなく60点の介護を目指すことにしました。ときには妻を施設や病院に預け、家族は息抜き

をするように心がけたんです。そして私は公務に支障が生じないように市長を辞職して、気持ちの余裕をもって妻と向き合いました。
②私が始めたのは「おもしろ介護」です。私は役者になった気分で、妻がボケたことを言いだすのを待つようになりました。

　「おもしろ介護」とは、介護者である私がおもしろくなる介護です。妻にとっても効果は絶大でした。話を合わせていると顔つきが穏やかになり、ボケたことを言う回数が減ってきました。ですから二人の楽しい思い出話をたくさんしては一緒に笑いました。

2）米山公啓（作家・医師）
　医師でもある作家・米山公啓さんの母・一枝さんは、脳梗塞から脳血管性認知症を患った。米山さんは、開業医だった父と二人で、1990年から約9年間にわたり、一枝さんが73歳で亡くなるまで介護を続けた。それは父、母それぞれとの親子関係を見直す濃密な日々でもあった。
①今の医学では認知症は進行を遅くすることは出来ても、治すことは出来ない。認知症が他の病気と違うのは、発症して次第に時間や場所が分からなくなって、最後は家族の顔もわからなくなってしまい、コミュニケーションが取れなくなってしまうことです。
②母は診療所の手伝いから離れて、近くに建てた家に日中は一人になることが多くなった。父は日中の診療に追われ、母の健康管理がおろそかになった。母は好きなように食べて、高度の肥満となり、それが引き金で高血圧や糖尿病など脳卒中のリスクを高くしてしまった。
③家族の病気の予防のためには、やはり家族どうしで健康に注意する努力が必要になる。それはまったくおろそかになっていた。家族の病気を防げるのは、主治医の前に、家族間のコミュニケーシ

ョンだとつくづく思う。親を元気にしておきたいと思うなら、やはりかなり努力して親の健康管理をしていくべきであろう。
④認知症の最後をどう看取っていくか、これは介護の中でも非常に難しい問題だ。

　最近では患者の家族と話し合いをして、認知症で口から食べられなくなったら、点滴もせず、そのまま脱水で看取っていくということが行われるようになってきた。

3）荒木由美子（タレント）

　第1回ホリプロ・タレントスカウトキャラバンで審査員特別賞を受賞し、華やかに芸能界デビューした荒木由美子さんは、女優としてこれからという23歳の若さで、13歳年上の歌手、湯原昌幸氏と結婚、芸能界を引退した。湯原氏の母と同居しての新婚生活だったが、3年後、義母の認知症が発症。以後20年にわたる介護生活がスタートする。
①今、介護で悩んでいる人には、ある程度の限界まで来たら、思い切って施設に任せることも正しい選択肢の一つであり、「家族だけで背負わなくてもいいんだよ」と言ってあげたいと思います。
②介護をする上で大切なのは、自分のチャンネルをいくつも持つことだと思います。チャンネルを介護一つにしてしまうと、心が重くなります。「ああ今日も一日介護だ……」というふうにならないように、例えば私の場合は、妻としてのチャンネル、母としてのチャンネル、そして介護の時は看護師としてのチャンネル。
③介護というのは、少し他人であるというか、距離感がある方が、冷静に上手に向き合える。
④一方、介護を見守る家族には「ありがとう」という言葉をきちんと言ってあげてほしい。

4）田辺鶴瑛（講談師）
　認知症で寝たきりとなった、義父を自宅に引き取り、91歳で亡くなるまで6年間在宅介護をした。
　　我が家ではヘルパーさんなど頼れる手は、全部頼りました。講談の仕事も続けました。認知症を発症した後では、じいちゃんが望む介護を知る由もなく、わたしのやりたいようにやる、手抜きの不真面目な介護です。それでもじいちゃんの介護を楽しめるようになるまで3年かかりました。
　　最高の介護は会話です。介護保険のサービスに「会話」という項目はないけれど、じいちゃんがなにより喜んだのは家族やヘルパーさんとの会話でした。

5）藤川幸之助（詩人・児童文学作家）
　詩人・藤川幸之助さんの母・キヨさんは60歳で若年性認知症を発症。当初介護はすべて父がおこなっていた。しかし父の遺言により藤川さんがそれを引き継ぎ、2012年にキヨさんが84歳で亡くなるまで、12年間にわたり介護を続けた。
①僕は何かをすることが介護だと思っていました。しかし彼の話を聞いて、文字どおり母をしっかり見つめることも重要な介護かもしれないと思った。
　　彼の話とは、ホスピスで働いている友人です。
僕が施設で言葉もまったく発さなくなってしまった母の横に座っていても、何もすることがない。「僕が居ても意味がないのでは」の言葉に対して、「それは間違っている」といわれて……。彼の担当で末期がんで余命1週間の患者さんがいたのです。その人に「なにか欲しいものはありませんか」と聞いたところ、「何もいりません、ただ家族の気配を感じていたい」と言われたそうなんです。
②2012年秋に母は84歳で亡くなりました。父が12年介護して、その後、僕が12年看た。長い闘病生活でした。僕は介護してい

る自分の方が、母を支えているつもりでいました。でもそれは違うと、今ハッキリわかる。自分が母を支えていたのではなく、本当は僕の方がずっと認知症の母に支え続けられていたんです。

6）橋 幸夫（歌手）
　まだ認知症という言葉もなかった 1980 年代。明治生まれの母・サクさんを引き取り、妻と試行錯誤で在宅介護を始めた橋幸夫さん。橋さんによれば認知症はある意味で「親孝行をするためのチャンス」なのだという。母がなくなる1年前に「お母さんは宇宙人」という本を出版。現在、認知症について精力的に講演活動を続けている。
　①在宅介護を始めて3～4年たったころ、下の問題がひどくなってきました。トイレが分からず、おしめもとってしまい、あちこち汚すことが増えてきたんです。これは在宅介護の限界だろうということで、施設に預けることにしました。
　②経済的な問題もありますが、在宅介護が出来るなら、それに越したことはありません。そのうえで症状が進んで来たら、施設やプロのヘルパーさんに助けてもらう。今後は在宅と施設の併用型介護が出来ることが理想的だと思います。
　③ある意味、親の認知症と介護は、みんなで人生や家族のことを考え直すいい機会でもあるんです。とくに今まで親孝行をしていなかった人には「これはチャンスなんだよ」といいたい。一人で抱え込んで苦しまず、周りの人に堂々と伝えること、そして病気についてしっかり勉強することをおすすめします。

6．レーガンとサッチャー偉大なる指導者「人生の黄昏」
　潮 匡人（拓殖大学客員教授）
　①世界初の「認知症サミット」開催（2013 年 12 月 11 日・ロンドン）
　②英政府は 2009 年 3 月、「認知症国家戦略」を策定
　　……「鉄の女」を苦しめた病……
　　2012 年に映画で公開された「マーガレット・サッチャー 鉄の

女の涙」を通じて広く知られることになった。彼女の認知症は、過度のストレスによる要因がリスクを高めた。サッチャーは「脳血管性認知症」を患っていたと推定されている。彼女の輝かしい業績と、病に冒された晩年は、認知症がどんな人にも襲う可能性を世界に広く知らしめた。

③レーガンを襲ったアルツハイマー病

村田晃嗣著「レーガン」（中公新書）は晩年をこう描く。

「元大統領の衰弱は顕著であった。すでに1989年7月にレーガンはメキシコ滞在中に落馬して深刻な脳挫傷を患っていた。以後彼の記憶は著しく減退した。（中略）1994年11月にレーガンは自らがアルツハイマー病に患っている事実を公表して公の場から姿を消した。以後ナンシー夫人がベルリンの壁より強固な壁となって、夫のイメージを守り抜いた。しかしその妻がだれなのかも、さらに自分がだれなのかさえも、やがて元大統領にはわからなくなっていった。」

7．認知症への対応
……つながりの視点から　大井　玄（東京大学名誉教授）

①「ぼけ老人」がもう一度頭脳明晰になることは望めない。だが認知症高齢者を抱える家族の苦労は、高齢者の記憶力低下という中核的認知能力の衰えよりも、妄想、幻覚、夜間せん妄（意識の混乱）といった異常精神症状や行動（周辺症状とまとめられる）により、もたらされることがはっきりしてきた。

②高齢者はコミュニティとの温かい「つながり」を体感しているのだ。そうだとすれば在宅の寝たきり高齢者はただ一つの環境に住むのだから、主要介護者との人間関係の良し悪しに応じて、妄想、幻覚、せん妄（意識障害がおこり頭が混乱した状態になる）といった精神症状が現れる割合が変わるのではないか。……調査の結果、人間関係の良い群は、悪い群に比べ、どの地域でも症状の発現は少ないのであった。

③認知症高齢者の「意味の世界」は、記憶力の衰えに伴い変わりやすくなるのが認められるが、その瞬間、瞬間に自分の誇りが高く維持されるような世界においては、非認知症の人と変わりはない。

8．シングル介護奮闘記　　fumiemon（34歳）

認知症の介護に携わる人間の間で「私の母は認知症～シングル介護奮闘記」というブログが注目を集めている。母69歳、若年性アルツハイマー型認知症（要介護5）。

①Fumiemonの母の症状

2002年	母に異変に気付く。預金通帳等の重要書類の保管場所の記憶がなくなり始める。
2003年	通いなれたパートの道、母が自宅までの帰り方が分からなくなる事件が発生。
2004年	徘徊が始まる。理不尽に怒り狂い家に帰ってこられなくなる。
2005年	鍋を焦がす。何度も同じ食品を買ったりすることが増える。
2006年	要介護1。介護認定を受ける。認知症と診断されアリセプトの処方が始まる。
2007年	要介護2。徘徊、被害妄想がおさまり始めるが、なんとか出来ていた家事が、まったく出来なくなる。
2008年	要介護3。母のトイレの失敗が始まる。
2009年	要介護4。娘の名前を忘れる。
2010年4月	ブログ開設。
2013年3月	父が脳溢血で入院したことをきっかけに、母の施設入所に踏み切る。

②2012年10月5日のブログ「オムツ」
　　母のおなかの調子が悪くって、昨夜と今朝オムツが大変なことに。何度もやっているオムツ交換だけれど、便が水っぽいとオムツ交換がツライ。はじめて大きい方を失敗してオムツ交換した時は、オムツ交換した後1～2日たっても頭からその光景や記憶や臭いが染みついて食事にも支障をきたすレベルでした。

③2012年12月1日　ブログ「ケアマネージャーさんと語る」
　　母がアルツハイマーと診断されて何度も何度も泣いたこと
　　介護と仕事の両立に悩み何度も仕事をやめようと思って悩んだこと
　　介護殺人とか、介護虐待とか、明日は我が身と思って家じゅうの刃物を隠したこと
　　結婚を考えていた彼氏がいたけど、別れてしまい、介護と結婚、介護と恋愛の難しさを実感したこと
　　日々の介護疲れで強いストレスがかかり、うつ状態の繰り返しで心療内科にかよっていたこと
　　同世代には介護経験者がいないので、共感を得られなくて辛いこと

12. 認知症シリーズ　全8回

（平成22年5月29日～8月6日　産経新聞・阪神）
長尾和宏（尼崎・長尾クリニック院長）

（その3）認知症を2つに分けて理解しよう。
　　　　　中核症状と周辺症状
①認知症が大変な病気だと思われているのは、徘徊、暴言、不潔行為、介護への抵抗などのせいです。これらの困った症状は認知症の「周辺症状」と呼ばれています。
②一方、認知症の本質は「近い記憶がゴッソリ抜け落ちる」ことです。これは「中核症状」と呼ばれています。認知症は「中核症状」だけ

のことが多いのですが、病気が進むと「周辺症状」はほぼ必発です。もし「中核症状」だけなら介護がしっかりしていれば何とかなります。しかし「周辺症状」こそがくせものなのです。
③治療も「中核症状薬」と「周辺症状薬」に分けるとわかりやすい。

（その５）認知症介護の現実
３段階に分けて考える（介護期間は数年から10年）

> ①認知症介護の実際について考えてみましょう。認知症の介護を初期、中期、終末期の３段階に分けると理解しやすいですね。
> ②認知症介護の初期は……周囲の人が異常に気づき、医療機関を受診する段階です。初期は医療が前面に出るでしょう
> ③認知症介護の中期は……介護保険でデイケアやショートステイを利用しながら療養する状態。中期以降は介護のウエイトが高くなります。

「中期の後半」になると……常時見守りが必要となり、「デイサービス」「ショートステイ」などの外のサービスだけでなく、自宅での介護や看護の手助けのウエイトも当然増してきます。可能な日常生活動作が激減して、「周辺症状」の増加に悩まされる一番大変な時期です。

終末期は……歩行が困難となり、嚥下が困難になり生命にかかわる状態です。胃ろうという延命処置を施すかの選択に迫られます。完全寝たきりの胃ろうの状態が「終末期」です。

● 「認知症ケア」シリーズ　全16回の中から
　　（平成25年3月23日～8月3日　産経新聞）
　　長尾和宏（尼崎・長尾クリニック院長）

（その10）異食、弄便（ろうべん）への対応　　赤ちゃんへの「回帰」ととらえて
　①異食や弄便は現在、赤ちゃん回帰ととらえられています。赤ちゃんは目についたものは何でも口に運びます。オムツの中に便が出たら不快なので泣いて訴えます。しかし高齢者の場合は、たまたまそこに手が届くので自分で取り除こうとして便に触るのです。手が汚れるので壁で拭くことになります。
　②赤ちゃんを縛ったり、薬を飲ませたりすることがないように、認知症高齢者を縛ったり、薬を盛ったりすることは間違いです。
　③在宅現場では、実の親の下の世話をしている子供さんを見ることが日常です。小さい時自分のオムツを替えてくれた親のオムツを今度は子供が替えています。

（その11）排泄最優先の原則
　　　「排泄ケア」は、認知症ケアの基本中の基本
　①特に認知症が進むと、排尿回数やトイレにこもる時間が増えます。1日に30回くらいトイレと部屋を往復している方もいます。
　②もし排泄に失敗した時も責めてはいけません。「お漏らし」も自然な老化現象なのです。お漏らしには3つの場合があります。第一は尿意が分からない場合、第二がトイレの場所が分からない場合、第三は尿意括約筋が緩んでいる場合です。
　③汚れた下着を発見した時は、きつく問いただすのは間違いです。本人もすでにショックを受けているのです。
　④たとえ場所を構わず排泄する場合でも、叱ったり、文句を言ったりするのは逆効果です。
　⑤最悪なのは、お漏らしが多いからと言って、安易にオムツを当てることです。オムツを当てたら、認知症はどんどん進みます。オムツ

を当てられた本人は不快でたまりません。
⑥たとえ頻回の排泄で介助に手間がかかっても、トイレで用を足すための支援を心がけましょう。数回の失敗であきらめてはだめです。
⑦昼間は大丈夫でも夜間だけ失禁する人には、ポータブルトイレを使うなど工夫しましょう。
⑧自力排泄の素晴らしさを、是非知っておいてください。

(その13) 周辺症状を理解しよう
葛藤、回帰、遊離の3パターン

「認知症になったら在宅療養は大変だ」と多くの市民は信じています。暴言や妄想、徘徊といった周辺症状にどう対処したらいいかわからないので、そのような認識になりがちです。しかし大きな誤解です。周辺症状には必ず理由があるのです。周辺症状が現れる仕組みを知ることで、対処法が見えてくることがよくあります。

> ①葛藤型 ……自分のあるべき姿と、老いてしまった現実の自分の姿があまりにもかけ離れてしまったので、何とかあるべき姿を取り戻そうと思って葛藤しているのです。しかし、いくら昔の自分に戻りたくても戻れません。そこで葛藤が起き、怒りに発展するのです。そうならないためにはその人らしい役割をつくり、プライドをしっかり満たしたケアを心がけます。

> ②回帰型 ……「家に帰る」という帰宅願望型の人です。夕暮れになると多いので「夕暮れ症候群」とも呼ばれています。「家」とは小さいころや、幸せだったころの家です。その人の人生が最も輝いていた時代。医学的には見当識障害といいます。このような周辺症状に直面した場合は、本人の切迫感に話を合わせることが大切です。徘徊に付き合うときは必ず話をしましょう。

> ③**遊離型** ……自分の世界に閉じこもる無為、自閉です。この症状はつらい現実から逃避しているのです。おとなしくて素直な人、これまで自己主張してこなかった人が陥りやすい周辺症状です。風呂にも入らない、食事や会話も拒否する人はこの遊離型だと思ってください。このタイプには五感に訴えかける働きかけが有効です。握手やハグなどのスキンシップなどが有効です。

(その15) 幻覚の世界に共感する　　レビー小体型認知症を知って

レビー小体型認知症は、幻視、パーキンソン症状、認知障害が特徴です。特に幻視が有名で「ご飯の上を虫が動き回っている」「ヘビが天井をはっている」「テーブルの下で子供たちが遊んでいる」などと訴えます。相手の姿や顔かたちは確認できるものの、中味は他の人と入れ替わっているという思い込み「替え玉妄想」も見られます。

パーキンソン病と同様に、筋固縮（こわばり）や小刻み歩行などの運動障害も見られます。すくみ足、姿勢障害もあり、転倒リスクもあります。レビー小体型認知症は病理学的にはパーキンソン病とほぼ同じなのです。

　　※パーキンソン病……脳のなかにある黒質の神経細胞が変性して神経伝達物質の一つであるドーパミンが減少するために起こる病気。

(その16) 理性を感情でカバー　　薬の前に正しい認知症ケアを

認知症の人は理性を感性でカバーしています。感性が普通の人より敏感です。したがって感性には感性で対応するのが賢明です。薬剤で感性を変えることは出来ません。正しい認知症ケアで暴言、暴力、被害妄想を抑えることが出来ます。

認知症には、現在4種類の薬が使われています。私の経験では薬が合う人と、合わない人がいます。代表的なアルツハイマーに適応できる抗認知症薬である、アリセプトは3mg、5mg、10mgの3剤型があります。

認知症の薬は良く観察しながら適量を見つけて上手に使うことが大

切です。介護者がもっと賢くなることも必要です。家族が認知症を深く理解することで、愛する人の運命が大きく変わることを知っていただきたいと思います。

13. 介護保険は老いを守るか

　　沖藤典子　　岩波新書　　800円＋税

> 　40歳から死ぬまで介護保険を支払って、最後に自分が受ける介護サービスはどうなるのか。この本のタイトルにある「介護保険は老いを守るか」といえば、限界が来ます。それは第一に要介護高齢者がますます増えること、第二に介護する人が高齢者なり介護スタッフが不足すること、第三に介護保険財政が厳しくなることです。

● 「第一章　介護保険はなぜ創設されたのか」の中から

1）2000年4月1日朝　介護保険サービスの夜明け
　①介護の社会化
　②高齢期の自立支援

2）高齢社会の到来と新しい事態……介護の「重・高・長・多」化
　「介護する」とは長命化によって起こっている問題であり、多くの高齢者が人生の晩年には、新しい事態としての「日常的な生活支援」を必要とする期間がある。
　長命化により介護期間が長くなった。その結果、介護されている人も、介護している人も歳をとる。介護者の半数以上が60歳以上で、70歳以上の人による介護も3割を超えた。
　老老介護という意味は、親子間の「タテ老々介護」と夫婦間の「ヨコ老老介護」がある。

3）介護離職の声

「介護で仕事を辞めたんです。この 17 年の間に、夫の両親、自分の両親、夫の介護です。介護漬の一生、悔しさで今でも涙が出ます。今度は自分の介護ですが、誰がしてくれるんでしょうね。」

　※介護が重度化し、介護者も高齢化し、その期間も長くなり、同時に何人もの介護を背負う。現代の介護は「昔」とはその実態を大きく変えていたのである。

4）子供に期待できない最初の世代

「私たちは、親の介護を背負った最後の世代、子供には期待できない最初の世代です。」

「期待できない」という言葉には様々な思いがこもっている。子供の現実の生活を見れば、介護は期待できない。また「期待してはならない」。あの苦労だけは息子の妻や娘に味わわせたくない。介護されている年寄りの肉体的、精神的苦しみも見てきた。介護する方もされる方も地獄だった。

親の介護が始まれば、兄弟喧嘩が始まる、ともいわれ、義絶とか絶縁など家族の葛藤の種にもなった。さらに日本各地で老夫婦無理心中事件、介護殺人事件、老人虐待が起こり、これは現在にも続く深刻な問題である。

5）介護の社会化

①税か保険か　税金45%・保険料45%・（40歳以上）利用料10%

②介護保険法第1条

　　要介護状態となり、入浴、排せつ、食事等の介護、機能訓練ならびに看護及び療養上の管理、その他の医療を要する者などについては、これらの者の尊厳を保持し、その有する能力に応じた自立した生活ができるよう、……国民の共同連帯の理念に基づき介護保険制度を設け……（以下略）

●「第二章　介護保険サービスの「適正化」の中から

①同居家族と「生活援助」

　　認定ランクに関係なく同居家族が居れば生活援助が受けられなくなった。

　（例）同居家族といっても私一人ですよ。しかも仕事がある。昼間は一人になります。これまでどおり生活援助も来てほしいのですが、それが……たとえ日中独居であっても同居家族が居ればダメなんです。これからは排せつや入浴などの身体介護でケアプランを作ってもらいます。利用限度額（区分支給限度額）をオーバーしたら、その部分は全額自費になります。

　（例）配食サービスは一人暮らしのみ。家族がいると利用できない（ある市の社会福祉法人の配食サービスの場合）。

②生活援助とは何か

　　身体介護以外の訪問介護（ホームヘルプサービス）であって、掃除、洗濯、調理などの日常生活の援助であり、利用者が単身、家族が障害・疾病などのために、本人や家族が家事を行うことが困難な場合に行われるものをいう。

③なぜ生活援助が狙われたのか

　　軽度者の多くが利用する家事援助（生活援助）に問題がある。介護保険の目的である自立を阻害している。

④生活援助の90分以上の労働には報酬がつかなくなった

　　その結果、生活援助を利用できる人でも、これまで3時間依頼していたものが、午前90分、午後90分と分割されるようになった（間に2時間程度おく）。交通費も2回分必要になった。

● 「第三章　解決されるか、介護現場の危機」の中から

1）介護で働く人々の叫び
　①介護職員の三つの入口、三つの出口
　　　三つの入口（1）働きがいのある仕事
　　　　　　　　（2）人や社会の役に立ちたい
　　　　　　　　（3）今後もニーズが高まる仕事
　　　三つの出口（1）経営理念や運営の在り方の不満
　　　　　　　　（2）職場の人間関係
　　　　　　　　（3）収入・将来の見込み
　介護職に将来の見込みがない理由
　　看護職や准看護職は少なくとも40歳前後までは年齢とともに賃金カーブが上がっていくが、施設の介護職員とホームヘルパーは30歳以降、年齢によるカーブの上昇はみられない。

　②特養ホームの待機者
　　介護職員の不足は、施設介護職員の夜勤回数を増やし、きつい労働に拍車をかけ、健康不安などを招いています。そのためにさらに離職が増え悪循環になっています。そのため空きベッドが多くなり利用者の不利を招く。特養ホームの待機者は42万人（2009年12月）で、特養利用者が43万人（2009年6月）で、特に深刻なのは大都市なのです。

　③外国人労働者の受け入れ問題
　　外国人介護職員の受け入れには、施設の負担が重過ぎるという声も多い。
　　「日本語の研修機関への支払いは、受けいれ機関の負担で一人36万円です。二人雇えば72万円。その他にもあっせん手数料や滞在管理費も含めると大きな金額になるんです。だったら日本人に手当を厚くして働いてもらった方がいいですね。」

④介護保険施設の新たな課題
 (1) どうする入所者の重度化
　　例：青森の老人保健施設で「なぜこんなに忙しいの。介護保険開始から10年たって」。
　　介護認定ランク4・5の人が31.7%から49.7%に増えた。そして医療的管理を必要とする人の比較では、8年前は12%だったが、現在は67%となり、見守りを必要とする者も19%から55%と3倍近い。

 (2) 理由は「在宅介護の受け皿がないこと」
　　厚労省の資料では、どこから老健施設へ入居しているかといえば、「家庭」からが34%で、医療機関が53.5%となっている。
　　現在の老健施設は、創設のころの厳しい3ヶ月ルールが緩和されて平均在所期間も7〜8ヶ月程度で長い人で2年もいるという。それによって老健施設が「第二特養ホーム」「特養ホーム待機場所」と言われたりもするが、しかしこれは家庭での介護の受け皿がないという現実の反映でもあるのです。

2）「特養」で自立できない現実
　特養ホームにたどり着くまでに、病院や老健を含めて5〜6ヶ所を経た。ようやく「終の棲家」を見つけた。リハビリで自立が出来るようになり要支援になったら、退所しなければならない。93歳になって行き先をなおも心配しなければならない年寄りがいる。

3）認知症高齢者グループホームの整備状況
　高齢者1000人当たりの総定員数は長崎県南松原市と東京23区の違いに愕然。大都市の整備率の低さが家族介護をより困難にして、これにより介護施設の入所希望へ殺到する。

4）ホームヘルパーとは

　ホームヘルパーは地域を回って働く仕事なんです。雨の日も雪の日も炎暑の日も、絶対に休めないんです。徒歩や自転車やバスで回りますが、台風の時なんかは本当に辛いですよ。でもそんな日ほどお年寄りは待っているんです。しかもその家の滞在時間は、ほとんどが身体介護30分間のこま切れです。それ以上は利用料が高くなるからと頼んでくれません。だから息つく暇もありません。年寄りが話したそうにしていても見て見ぬふり。ケアプラン通りに、それが優先ですから。

　ホームヘルパーとは人間の総体に向き合う仕事です。

　ホームヘルパーは靴を脱いで玄関から家の中へ……。この「敷居をまたぐ」という行為には、深い意味があります。その人の生活状態、過去の家族関係を知り、身体の症状を観察する。陰部や排泄物にも向き合う。複雑な課題を抱える家族への調整や励ましなども重要な仕事だ。ホームヘルプサービスが施設介護と違うのは、介護報酬が介護認定ランクに応じてではなく、「身体介護」と「生活援助」に二本立てで、時間単位であるということだ。

5）ケアマネージャーの悩みと責任

①仕事に対してのやりがいと続けることの辛さのなかで

　　介護支援専門員（ケアマネージャー）は、介護保険の創設とともに登場した職業です。

　　ケアマネージャーになるには、看護師、社会福祉士、介護福祉士、医師などの基礎資格を持ち、「介護支援専門員実務研修」受講試験に合格して、この研修を終了、都道府県に登録。

　　ケアマネージャーの介護報酬は要支援1・2の介護予防ケアプランの場合は1ヶ月4,120円、要介護1・2が10,000円で、要介護3～5が13,000円となっています（平成27年）。

　　　※これまではケアプランの作成などが困難な認知症や独居の場合も何回訪問しようが評価されなかったが、2009年に独居

加算や認知症加算が付いたがこれも悩みは深い。

②ケアマネージャーが替わってしまう現実

　介護認定が予防給付になれば、年齢や内部疾患に関係なく、ケアマネージャーは替わってしまうのです。自立しようと毎日の生活を努力してきて、その結果、軽度に認定され、ひどい目に合う。

● 「第四章　迷走した要介護認定」の中から

①要介護認定とは何か。要介護度の認定（要支援認定、要介護認定）は、介護保険サービスを必要とする人が、保険者である自治体に申請して訪問調査を受け、主治医の意見とあわせて介護認定審査会で認定される。

②在宅の場合は第一次の訪問調査員の特記事項と主治医の意見書がいかに重要かということ。

　現実の問題では訪問調査員の資質により訪問調査項目をチェックする判断があいまいになっている。つまり本人の自立度や介助度は家族の説明や本人の当日の動作のみで判断されるので自立していないのに、自立になってしまう場合もある。

● 「第五章　老いを守る介護保険への道」の中から

①団塊の世代が75歳以上になる時代、高齢者といえばほぼ半分以上が75歳以上になる時代を見据えて、介護保険はどのような用意をしていけばいいのか。2025年の介護給付費は17兆円と予測（2000年のスタート時は8兆円）。

②40歳から延々と介護保険料を払い、90歳まで介護保険料を払い続け、人生の最後に利用する制度かもしれない。しかし自分の満足のいく介護サービスが受けられるのかどうかは現状では厳しい。

14. 特別養護老人ホームの入所案内

（平成25年度）より　　北区健康福祉部高齢福祉課

東京都北区の特別養護老人ホーム入所調整委員会委員（介護保険第2号被保険者代表）に委嘱されました（平成23年5月19日～平成25年3月31日までの2年間）。その時の入所案内の内容です。

①申し込みから入所までの流れ

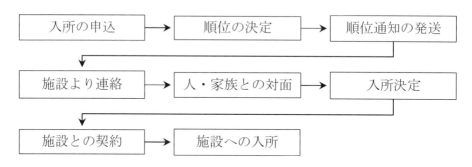

②申し込みができる方
　身体上、精神上に著しい障害があるため常時介護を必要とし、居宅での介護が困難で、要介護1以上と認定された方（入院治療の必要な方は除く）。平成27年以降は要介護3以上に改定。

③申し込みする場所
　高齢者あんしんセンター、高齢福祉課窓口にてお受けいたします(ご本人の状況がわかる方がお越しください)。

④申し込みに必要なもの
　ご本人の印鑑（シャチハタ不可）、介護保険証、服薬されている方は薬の詳細が分かるもの（処方箋やお薬手帳のコピー）、その他医療行為の有無（胃ろう・経管栄養など）、担当ケアマネージャーの情報をご用意していただきお越しください。

①申し込み期間

　入所調整は年2回行います。平成25年の前期、後期の日程ごとに申し込み期間が決まっています。

> 〈前期の日程〉
> 2月　前期区内受付 ● 3月　区外受付 ● 4～5月　調査・順位確定作業 ● 6～11月　前期名簿有効期間

> 〈後期の日程〉
> 8月　後期区内受付 ● 9月　後期区外受付 ● 10～11月　調査・順位確定作業 ● 12月～翌年5月　後期名簿有効期間

②入所調整の基準（合計ポイント115ポイント）

　ポイントの高い人から優先的に受け入れます。同ポイントの場合は、要介護度の高い方・生年月日の早い方が優先となります。

1. 要介護度	50ポイント （1＝10　2＝20　3＝40　4＝46　5＝50）
2. 年齢	5ポイント（80歳以上）
3. 介護の状況	25ポイント （介護者がいない＝25　介護者が高齢者または未成年者＝20　介護者に障害がある方＝20　複数の人を介護＝20　介護者が病弱な方＝15　介護者が就業中の方＝15
4. 介護期間	10ポイント（2年以上＝10　1年以上＝5）
5. その他 　　特別な事情	25ポイント（本人の事情＝20　介護者の事情＝5） ※本人の事情＝徘徊・大声・異食・介護拒否・暴力・被害妄想・昼夜逆転・その他は1項目2.5ポイント ※介護者の事情＝暴力・無視などどれか一つあれば5ポイント

③医療行為のある方の受け入れ

ご本人の身体状況、医療処置の内容、施設の受け入れ状況によっては入所できないこともあります（経管栄養、人工透析、インシュリンなどの医療行為は多くの施設で入所できない状況）。

④区外施設への入所

区と契約している区外にある特別養護老人ホームについても、入所調整の対象になります。

⑤入所が決まったら（入所施設を選択することは原則できません）

1．必要な手続き　2．身元保証　3．入所後の生活　4．退所など

⑥待機中の方への支援

待機順位が上位の方から入所への推薦となりますが、特別養護老人ホームの空き状況によりますので入所の時期については予測ができません。また、在宅での待機が困難となった場合は、介護老人保健施設や認知症グループホーム、介護療養型医療施設の利用も検討してください。

⑦利用料（自己負担）について（施設によって異なります）

```
利用料（自己負担）合計＝（ア）介護保険料1割負担
                    ＋（イ）居住費・食費
                    ＋（ウ）その他の費用
```

（ア）の介護保険サービス1割負担については、月額の料金の設定が介護度と拠出の種類で決まる

　　例：要介護5の場合（平成25年度）

　　　　多　　床　　室＝29,414円

　　　　個　　　　　室＝27,825円

　　　　ユニット型個室＝30,517円

　　　　※その他に施設によっては異なる加算が数千円かかります。

（イ）居住費・食費
例：利用負担者が住民税が課税の方の場合
● 居住費
多床室＝9,600 円
個　室＝34,500 円
ユニット個室（リビングを個室が囲む）＝59,000 円～69,000 円
● 食費（各室共通）41,400 円

※特養の場合の費用は、居住費で多床室の 9,600 円の場合とユニット型個室専用の特養の場合は69,000円と6万円の費用の違いがあります。私の住んでいる北区の特養でも施設利用料が月額全部で 10 万円前後から 15 万円前後の負担となります。
　また、食事は全体で食堂でとりますので、ユニット個室の場合でも、家族などと部屋ですることはできません。

（ウ）その他の費用
例：外出付き添い・買い物代行・クリーニング・理容などは 1 日 50 円～250 円。
また、医療によるサービスは実費負担。

15. 老後の真実

文藝春秋スペシャル　2011年春号　　952円＋税

> このテーマは平成23年4月に文藝春秋スペシャル版として発売されました。タイトルが「老後の真実」です（現在は絶版）。その中の一つが「誰も言わない老人ホーム入居の心得」です。実際問題として現在の介護付き有料老人ホームや、老人ホームの介護サービス内容はよくわかりません。外からは信頼できそうな施設について、現実はどうなのか誰も教えてくれません。入居の選択には契約内容や入所体験など事前の確認が大切です。

＜誰も言わない老人ホーム入居の心得＞の中から
　松田浩治（介護福祉士）

ベテラン介護士による現場からの忠告。

①有料老人ホームのデータは鵜呑みにしてはいけない。
　　「夜間看護体制」や「人員比率」などの重大な事実について実態とかけ離れた大嘘を平気でアンケートに書く施設もある

②老人ホームに数日宿泊体験したところで、素人に理解できる範囲は限られている
　　ほとんどの人は、福祉と聞くと「悪いようにしないはずだから任せて安心」と思っているようだが、その善良なイメージとは裏腹に顧客に嘘をつくくらい平気な職員もいる。

③介護施設は終の棲家ではない
　　例えば「ウチは看取りまで大丈夫です」と老人ホームから言われたとしよう。これはあくまでセールストーク。実際、老人ホームで最後を迎える人はむしろ少ない。今も病院で死亡する比率の方が圧倒的に高いのである。

④終末期ケアは非常に難しい

　末期には必ず点滴や疼痛緩和などの医療行為が伴う。自宅なら家族が痰吸引をすることが出来るが、施設だとそれさえままならないのが現実なのだ。終末期の人は病院で死んで欲しいというのが本音なのだ。

⑤施設から病院に入院すると、施設から退所を迫られることがある

　これは特別養護老人ホームでも介護付き有料老人ホームでも起こり得る。現在の介護保険法では、入院すると介護報酬がゼロになる。そのまま部屋を空けて退院を待っていると、その分ホームの収入が減ってしまうので、さっさと退所してもらい次の人を入れたい。もちろん入居の際にはこんな説明は絶対にしない。公にも絶対に認めない。

　介護保険法では利用者の意思に反して退所を強制されることは許されていない。

⑥「出て行ってほしい」と言われた時の対処法

　「絶対に出ていかない」「これ以上退所を迫るなら都道府県の福祉課に訴える」と言えばいい。都道府県は施設にとって許認可など生殺与奪の権限を持っている。

⑦老人ホームの生活は禁固刑と同じ

　中尾チエ子さん、80歳。転倒して右足股関節の手術歴で歩行が少し難があるが一人暮らしをしていた。80歳になったある日、この先一人では不安だから元気なうちに老人ホームに入るように子供たちからすすめられた。チエ子さんは入所後、うつ病になり自分の存在価値を失った。チエ子さんの時間は本人にとって「死んだも同然」だったのだ。以下その内容のポイント。

> 当初は彼女はホームでの至れり尽くせりのサービスに感激。
> 入居して1ヶ月を過ぎる頃、欲求不満を感じ始めた。
> 似たような境遇の同年代の友人が出来ると聞かされていた。
> しかし半数以上は認知症などでまともに話せない人だった。
> 〜毎日が退屈なのだ〜
> 介護士たちが誘ってくれる輪投げや童謡を歌うなどのレクリエーションもチエ子さんには子供のすることにしか見えなかった。
> 彼女は、自分の退屈なもてあました時間を、部屋の掃除で慰めることにした。
> ところが掃除をはじめた途端、職員が血相を変えて飛んできた。
> 「危ないじゃないですか。止めてください。転んで骨でも折られたら困ります。」
> 私はいったいここへ何しに来たの。まったく何もさせてもらえないじゃない。チエ子さんはここの生活が、禁固刑と何も変わらないことに気付いた。そして「生きていても仕方がない」とつぶやくようになった。

⑧何もしなくていい自由は、生きる意味を失う自由でもある

　老人ホームに入居する前に、ここまで考える人はいったいどれだけいるだろうか。

⑨老人ホームでは入居者の個性など尊重してくれないと思っていたほうがいい

　福祉関係者は利用者を鋳型にはめたがる。例えば食事量は人によって違うのに、すべて食べさせようとする。老人ホームでは一律に男性は髪を剃るべきと考える。

　これが入居一時金1000万円以下、月利用料20万円以下の老人ホームの平均的姿だ。もちろん同じような料金の施設でも、志をもって一生懸命やっているところもあるが、根本的な問題はどこも共通している。

⑩結論は出来る限り長く自宅で頑張ることをお勧めしたい
　自宅にいてもネグレクト（必要な世話や配慮を怠ること）などの虐待を受けている人の場合、または3000万円以上の入居一時金を払える裕福な人しか、老人ホームに入るメリットはないように思う。

16.「老人漂流社会」の中から

ＮＨＫスペシャル取材班　　主婦と生活者　　1300円＋税

> 　独居高齢者になって介護される場合、介護する人がいない、介護施設は待機者が多数で入所できない。そして病院や老健から自宅には戻れない。このようなリスクは、他人事ではない老後の現実なのです。この本は未来社会が、老人漂流社会になることを暗示しています。

　他人事ではない老後の現実。高齢者が体調を崩して自宅にいられなくなっても病院や施設は満床で入れない。短期間だけ入れる施設を転々として、そのうち貯金は底をつき、行き着く先は生活保護。それでも安住の地は簡単には見つからない。……
　家にもいられず、施設にも入れぬ時代。
　超高齢社会を迎えた日本で、同時に加速度的に進行しているのが「家族の変容」だ。親世代と同居する人は減り、高齢者だけの世帯が増え続けている。高齢の夫婦は当たり前だが、ここ数年で目立つのは、高齢の親と高齢で未婚の息子という「高齢親子世帯」、あるいは高齢の兄弟、姉妹といった「高齢兄弟世帯」だ。どちらかが先に亡くなると「単身高齢世帯」なる。2012年、一人暮らしの高齢者（65歳以上）は500万世帯で「お年寄りの一人暮らし」の世帯が当たり前の時代が到来している。
　問題は一人暮らしの高齢者は「いつか一人で暮らせなくなる」。しかし現実はその高齢者への支援としての「受け皿」と「支え手」が全く足りていない。

その場合の選択肢は二つ。
①自宅で一人暮らしを続けるために、在宅医療サービスと在宅介護サービスを受ける。
②自宅では不安があるため、医療や介護サービスの受けられる施設に入所する。

●老人漂流の例
　多くの高齢者が支えてくれる家族をもたず、有料老人ホームにはいるための十分な資産がないという現実に直面し、そのことに気付いた時に「漂流」が始まる入口に立たされていたと、あとから知ることになるのだ。

ケース＜妻の急死から、あっという間に＞

　かけがえのない妻の急死。そのあと70代のＯさんは目に見えて元気をなくしていったという。配偶者を先に亡くして、家からあまり出ないようになると、あっという間に体力も弱っていく。そして生きる張り合いも失い、社会との孤立を深めていく。
　それでも自分一人で頑張っていた。しかし2012年7月19日、ジリジリと太陽が照りつける夏の暑い日のことだった。熱中症で倒れた。Ｏさんの「漂流」は誰にでも起こり得る日常のきっかけが発端になった。

ケース＜同居している家族がいる場合でも解決が難しい＞

　息子と同居していた高齢の母親が、息子に介護してもらっていた場合、息子が体調を壊して入院した途端、家で一人で取り残され生活が出来なくなる。息子に代わって介護してくれる施設を探さなければ居場所がなくなる。

ケース＜重度の認知症の夫が家で残された場合＞

> 　身体の不自由な妻が、重度の認知症の夫の介護をしていました。しかしその妻が亡くなってしまい、重度の認知症の夫が家に残された。
> 　物事を判断できる妻が居なくなったために、重度の認知症の夫に資産や預金がどれくらいあるのか、離れて暮らす親族がいるのかわからず、今後は誰に相談して施設を決めたりすればいいのか困っている。

ケース＜施設の探索＞（元気なうちは年金だけで大丈夫だが……）

> 地域包括支援センターには、単身で行き場のない高齢者の相談が数多く寄せられるようになった。
> 　月額 65,000 円の国民年金では入れる施設は見つけられなかったOさん。施設探し。
> 　「東京都内をまずは探しますが、なければ遠方の地方を探すような形で探す範囲を広げていくしかないんです。しかし都内の施設と違って事前に見学したり、どんな施設かを調べたり、どんな職員さんがいるのかを調べたりすることが出来ないんです。本来そのような調査は家族がやることですが、支援センターでは時間とお金に限界があります。」

ケース＜ショートステイのはしご＞

> 　Oさんの施設の選択は、介護施設の「ショートステイ」の形で短期入所する方法だった。「ショートステイ」は本来、介護している子弟や配偶者の休息、負担軽減のためのもので「特別養護老人ホーム」「老人保健施設」「有料老人ホーム」などで事業として行われている。

＜ショートステイの施設の利用料＞

　介護保険を使っても自己負担分として一日およそ 3,000 円。食事やク

リーニング代を合わせると一日4,000円。月に12万円。Oさんのわずかな預金はみるみる減っていくことになった。

圧倒的に不足する「特別養護老人ホーム」

病院に長期入院することが難しくなった今、高齢者が頼れる居場所の一つが「特別養護老人ホーム」だ。この施設は年金収入が低い人にも安心して利用できるが、施設が足りず、どの施設も5倍から10倍の待機登録があり、要介護4でも3年から5年程度待たされる。

入所者の決定

入所者の決定は「入所優先度」などを考慮して、各施設から待機登録している高齢者に連絡が来る。入所希望者は優先度が高い順にAランク、Bランク、Cランクに区分されるが、最も高いAランクでもすぐには入所できない状態だ。

また、特養に入所できても、体調を崩して病院に入院した場合は、退院した時に施設を退所される場合がある(医療行為が必要な場合)。

無料低額宿泊所（無低）

この10年、「高齢化」「単身化」「貧困化」が3つ同時に進む中で、本当に行き先がなくなったら、「無低」しかないでしょうね、と福祉関係者の言葉に……。

高齢者の受け皿不足がますます深刻になるなか、本来は高齢者を受け入れる施設ではない無料低額宿泊所、通称「無低」に続々と高齢者が集まってくる異常事態が起きている。「無低」は一人暮らしが出来なくなった高齢者が住まいから移り住むことを本来は想定していない。自治体に保護されたホームレスなどの生活困窮者が一時避難的に入所するための無料宿泊施設だ。

貸し与えられる部屋は3畳1間。食事は3食付だが、医療施設でも介護施設でもないため、掃除や洗濯など身の回りのことは自分でしなければならない。

生活保護高齢者の低額施設として

　病気やケガなど体調を崩して自宅で暮らせなくなり、介護施設も空きが見つからない時に、その高齢者(家族)が相談に訪れるのが自治体だ。国民年金だけで暮らしている高齢者の場合は、まず高齢者に生活保護を受給させ、入所させる。

　高齢者の場合は生活保護費の上限いっぱいの費用で、施設の食費や人件費でギリギリ運営している状況。

ケース＜「漂流死」する高齢者＞

> 　Yさんは、娘2人と息子の3人の子供に恵まれた。20代で仕事を求めて上京、水道工事の会社で職人として働き50年間実直に勤め上げた。一戸建ての自宅に家族と住んで近所づきあいもよく、自治会でも頼りにされていた。Yさんは身体の続く限り水道工事の現場で働きたいと、70歳を過ぎても働き続けていた。しかしどうしても体力が続かなくなったので、現場を離れることになり「仕事」という社会との縁が失われた。
>
> 　でもYさんには妻がいた。この先の人生は妻と歩んでいこう……そう思った矢先、妻が突然亡くなってしまった。その後Yさんは自宅で50代の独身の息子と二人での生活。息子による収入面と生活全般の支えによる日々の生活。
>
> 　生活を支えていた息子が脳梗塞で倒れ、入院生活になる。息子はその後、半身に麻痺が残り車いすの生活で、仕事も辞めざるを得なくなった。Yさんも持病の動脈瘤が悪化して、寝たきりになった。遠方から娘が通ってきたが、娘も嫁ぎ先に、介護が必要な義理の両親を抱えていた。
>
> 　Yさんは若いころ職人で、十分な年金保険料を納付できなかったので、月3万円程度の年金収入だけで暮らしている。
>
> 　その後「漂流」そして……。生きている限り、終わりなき「漂流」が待ち受けているのだ。
>
> 　「無低」→「入院」→「退院」→「無低」→「入院」→死。

認知症の単身高齢者を支える仕組みがない

国は、2012年に出した「今後の認知症施策の方向性について」のなかで、精神科病院に入院した認知症患者の50％について、退院までの期間を「2ヶ月に短縮する」ことを目指す方針を打ち出している。

認知症高齢者の駆け込み寺

森川医師の務める練馬区内の精神科病院には、路上で保護されたお年寄りの患者が少なくない。認知症でホームレスの高齢者「認知症漂流」の高齢者や、同居する家族がいないために、症状を悪化させて入院する高齢の認知症患者が急増している。

認知症の場合は高齢の家族が自宅で面倒を見る負担はあまりにも大きい。また、家族のいない「単身高齢者」が認知症になった場合は、自宅で暮らすことがかなり難しくなる。かといって介護施設に入ろうとしても、体は元気な人が多く、介護度の高い人から優先的に受け入れる「特養」に入ることは難しい。また「老健」でも認知症に対応できるスタッフがいないところでは、受け入れてくれない。

こうして行き場のない認知症患者は、精神科病院に長期入院するしかないのだ。

認知症の「最後の砦」

東京都板橋区の閑静な住宅地にある飯沼病院は5階建ての病棟に、統合失調症などの患者が400人ほど暮らしている。内臓疾患や脳梗塞の治療が終わっても、認知症は治らない。受け入れ先が必要だ。しかし介護施設が見つからなかったり、仕事の都合で家族がケアすることが出来ないといった理由から、やむを得ずに精神科病院をたよってくるケースがほとんどだ。

認知症の高齢者が安心した場所で暮らすことができずに、精神科病院が下支えしている超高齢社会の現実。飯沼病院への入院の問い合わせは絶えることがない。

17. 老後破産

――長寿という悪夢
ＮＨＫスペシャル取材班　　新潮社　　1300円＋税

> 本の中に紹介されているケースは、老後破産の原因が、独居高齢者＋要介護者＋低年金者の３つの複合要因による内容です。今の年金制度は、三世代同居家族をモデルに作られています。超高齢多死社会の都会で、老後破産を防ぐためには、複合要因の解決のための知恵が必要です。

どうする国民年金制度と老後破産の問題

平均的な年金支給、自宅の所有、ある程度の預貯金、……それでも老後破産は防げない。その実態はどうなっているのか。ＮＨＫ取材班の衝撃のルポ。現在の国民年金制度は三世代の家族が同居することが当たり前の時代につくられたものです。月6.5万円の国民年金では老後の生活は困難です。

老後破産の現実の序章より

「老後破産」のきっかけとなるのは、病気やけがなど高齢になれば誰にでも起こり得る事態だ。とりわけ一人暮らしで支えてくれる家族がいない場合、医療費や介護費は重い負担となる。

●老後破産事例　Tさんの場合（男性83歳）

　旧制中学を卒業しビール会社に就職。40歳を過ぎると、一念発起して独立することを決断。「自分でビアホールを経営したい」夢が大きくなった。会社を退職して、預金と退職金を合わせ、足りない分は借金をして小さな居酒屋をもった。最初は順調だった店は、景気が悪化するにつれて経営が傾き、赤字続きになっていった。10年たったころ倒産した。仕事一筋で結婚することが出来なかった。

Tさんの収支

収入　月額　10万円（国民年金＋厚生年金）	残高0
支出　月額　家賃6万円　生活費4万円	

老後破産と生活保護受給者の現状

　「老後破産」で生活保護を受けることになれば、医療費や介護費用そして税金や健康保険料、介護保険料などが免除されます。都市部の場合は単身高齢者に支給される生活保護費は13万円前後であり、子供を含む4人世帯の場合は26万円です。40年間国民年金を納めた第一号被保険者の満額の国民年金（老齢基礎年金）は月額6.5万円で生活が困難な場合は生活保護の選択もあります。生活保護を受けるための条件は、収入が少なく、預金がゼロで、持ち家などの資産がないことが前提です。

老後破産予備軍

　生活保護の受給者は、増加傾向にあります。厚生労働省の「被保護者調査」によれば平成27年4月現在では、生活保護受給者は216万人で、世帯数では160万世帯が受給しています。また雇用状況では非正規雇用労働者が増加して、年収200万円以下の給与所得者も増加しています。所得格差はますます拡大していく傾向です。さらに求職活動をしていないニートも増加傾向です。

● 事例　Kさんの場合（女性80代）

> Kさんの場合は、夫の生前は二人で13万円ほどの年金で暮らしてきたが、3年前の夫の死が困窮のきっかけだった。いまは自分の国民年金と夫の遺族年金あわせて毎月8万円ほどの収入で生活している。自営業で工務店を営んできた夫を手伝ってきたが、専業主婦だったために厚生年金はない。
>
> 同居する家族が居なくなれば二人の収入から一人の収入となり、逆に介護サービスを増やさなければ生活できなくなり、収入が減って支出が増える状態になります。

Kさんの収支

収入　月額　8万円（国民年金＋遺族年金）	収支は 3万円マイナス
支出　月額　家賃1万円（都営団地） 　　　　　　生活費7万円　＋　介護費用3万円	

現在の日本の国民年金制度とは

国民年金は基礎年金として位置づけられています。第1号被保険者（自営業者）は、65歳以降、国民年金から老齢基礎年金のみが支給されます。老齢基礎年金の額は、20歳から60歳までの期間で、保険料納付済期間が480ヶ月（40年）である場合、満額78万100円（2015年度価額）が支給されます。月平均6.5万円です。60歳以降働いても国民年金の金額は変わりません。

国民年金保険料は、第1号被保険者のみが、20歳から60歳まで40年間納付します。平成27年度は15,590円です。毎年280円増額されて平成29年度（2017年）で固定される予定です。固定される金額は月額16,900円で年間納付額は202,800円です。40年間では約800万円です。65歳から年金を満額支給された場合は75歳以上生きなければプラスになりません。

● 事例　厚生年金受給者のTさんの場合（男性70代）

> 　Tさんは、北海道出身で、高校を卒業した後、数年間だけ自衛隊に入隊し、その後は大手のパン会社で働いてきた。いま受け取っている年金は、自衛隊とパン会社に勤務していた時のものだ。まだ働いているころ、離婚を機に妻や子供とは一切の連絡をとらなくなった。仕事をリタイアした後は、親しく付き合う友人もなく、ひとりきりで暮らしてきたという。
> 　Tさんは重症化するまで病院にかかろうとせず、救急搬送され瀬戸際で命をとりとめた。本人は施設を出て自宅へ戻りたいと願うのだが、医師や老健の担当者は家に戻ることは難しいと判断していた。その一つが初期の認知症の症状が現れ始めたことだった。

Tさんの収支

収入　月額	12万円（老齢基礎年金＋老齢厚生年金）	
支出　月額	家賃3.5万円	収支残高は0
	光熱費・公共料金1万円	
	医療費1.5万円	
	税金・保険料5,000円	
	食費などの生活費5.5万円	

＊入院費など臨時の出費は含まれていない

65歳以上の単身無職世帯の家計収支（H24=2012年度、総務省）

1．実収入	131,000円
2．支　出	①税金・社会保険料　　10,000円 ②可処分所得　　　　　121,000円 　・居住費・食費・医療費・介護費1割負担 　・水道光熱費・交通費・通信費・日用品・被服

●事例　介護離職と老後破産（男62歳、元ペットショップ経営）

> 30代のころ、自分のペットショップを経営する夢をかなえた。とにかく動物が好きで仕事に夢中だったＳさんは独身のまま母と二人で暮らしてきた。
> 　55歳の時にＳさんの運命が狂い始めた。父親を早く亡くし母親だけがＳさんの大切な家族だった。母親の認知症が悪化して、介護のために仕事に出られない日が続いた。次第に母親から目が離せなくなり介護に専念することを選んだ。その時は母の年金があれば何とかなるだろうと思っていた。しかし「介護離職」という選択はＳさんのその後の人生を変えてしまった。50代で再就職しようとしても、どこにも雇先は見つからなかった。その後、脳梗塞と半身不随に見舞われてしまった。

Ｓさんの収支

収入　月額　0円	収支（預金）−8.6万円
支出　月額　家賃5.6万円 　　　　　　生活費3万円	預金が0になったら生活保護の選択

※ここ数年、介護を理由に仕事を辞める介護離職者が毎年10万人近くにのぼる。

18.〈透明な歳月の光〉シリーズの中から

曽野綾子の言葉　　産経新聞

①日本は容易ならぬ状態に追い込まれている。老人の面倒を見る人手がなくなっているのだ。足りないのは金でもものでもない人手なのである。これはいかなる政府も解決できない深刻な問題だ。だから日本人は高齢でも健康な限り最後まで、より不健康な人のためにどこかで働けということだろう。

②奉仕のことをギリシャ語で「ディアコニア」と言うのだが「ディア」は何々を通して、という接頭語で、「コニア」は塵、あくた、汚物というような意味らしい。昔一人の神父が「だから奉仕というのは排泄物の世話をすることだけです」とはっきり言われたことがある。老人ホームへ行ってコーラスを聞かせたり、フラダンスを踊って見せたりするのが奉仕だと言っている人もいるが、それは自分が見せたいからで奉仕ではないというのだ。

③共同生活をする親友は、健康で楽しい時代なら共有するが、介護による無限に続く汚物の処理までしてくれるかどうかは疑問だ。それをできるのは、現実的に家族しかいない。

第二章
我が家の介護備忘録

母87〜90歳（父90〜93歳）の4年間の記録

テーマ1　介護と施設

　在宅介護が限界となり、施設を選択する場合も認知症の場合は入所出来ないこともあります。入所した後に認知症になり退所させられることもあります。介護付き有料老人ホームは、入所費用が高額です。

　施設で一番希望が多いのが特別養護老人ホームです。東京都の特養施設は、ほとんどが待機期間3年以上かかる状況のようです。さらに要介護認定の高い方が優先されますので、要介護3以下の方が入所するのは難しい状況です。入居費用は1ヶ月10万円（ユニット15万円）程度の費用負担です。

　特養の入所要件は、現在は「要介護3以上」です。入所した人が「要介護2」以下に改善したら、原則は入所対象でなくなります。「要介護2以下」の場合でも「やむを得ない事情」に該当すれば特例入所が可能です。

　短期間入院する場合は介護療養型医療施設がありますが、国の政策として減床する方向です。認知症対応型の共同生活としてグループホームがあります。この施設は認知症の高齢者が少人数で共同生活する施設です。共同生活の場ですので、認知症ですが、自立していることが基本です。グループホームも施設が不足しているのですぐに入所は出来ない状態です。

●有料老人ホーム選択のチェックポイント
①企業の経営は健全か確認する
②重要事項説明書をよく確認する
③実際に見学や体験をして確認する
④全国有料老人ホーム協会に加盟しているかを確認する
⑤入居希望者の落とし穴に注意

テーマ２　デイサービス施設の選択

　今日、多様なデイサービスがあります。ポイントはデイサービスのサービス内容や管理方法、そしてスタッフの方の対応力などいろいろあります。認知症の方の多いデイサービスに認知症でない高齢者が交流しますと会話が出来ずに時間が退屈になります。長くいると非認知症の方もウツ状態になります。そのためにデイサービスの施設は慎重に選択しなければなりません。本人に合わなければ別の施設に替えることをお勧めします。

　私の母のデイサービスでの体験の感想ですが、以前のデイサービスは、①食事は弁当でまずい、②空間が狭くケアの内容がマンネリ、③転倒によるけがなど管理がずさん、④入居者同士で金銭で買い物、⑤本人と施設側との関係の甘さ（お歳暮などのやり取り）などがあり施設を替えました。

　現在のデイサービスは、①人間関係が良好、②感動的なイベントや講話、③広い空間、④管理体制の充実、⑤手作りの食事などです。

　そして一番のポイントは、母の気持ちや意欲などです。どんなに良いデイサービスでも母の気分次第で「今日は調子が悪いのでデイサービスを休みたい」と父に甘えてしまいます。その場合の判断は父ではなく私がします。基本は、甘えでデイサービスを休ませないことが本人の自立を維持させることになるのです。

テーマ３　薬の選択と管理、そして処方の難しさ

　自宅の近くの内科医院が閉院されましたので、新しい内科医院の選択をしなければなりませんでした。それまでは母の薬の管理は父に任せておりましたので、私は問題意識がありませんでした。しかしふたを開けてびっくりしました。父も母も自分の薬がどんな薬なのかわかりません。また薬の管理も適当でした。考えてみれば両親が医者に処方されるまま

に薬の管理をすることは難しい状態でした。

　特に問題なのは薬の内容です。母は精神安定剤（睡眠薬）を服用していました。その時は一日中ボーッとしていましたが、その精神安定剤をやめてからは意識がしっかりしています。我が家では、両親の薬は2～3種類です。二人とも降圧剤は服用していません。

　このように薬によっては、日常生活でボケてしまうリスクがありますので、家族は薬の効用を医師と相談しながらチェックすることが大切です。

●両親の薬の管理の改善・ポケット付き薬カレンダー

　父母が薬を管理するために以前はケースに入れて管理していました。最大の問題は、その薬を飲む場合、1階の食堂で食事後、2階の部屋で薬を飲んだり飲まなかったりでした。そこで、私が両親に代わって薬の内容を把握し管理することにしました。そのためにはツールが必要でした。一番効果的な管理方法は、ポケット付きの薬カレンダー（ドラッグストアでは売っていませんでしたので、薬を処方していただく薬局で購入しました）を両親二人分、冷蔵庫の横に取り付けて、食事の後にすぐに飲む方法にしました。母の薬の管理は私がして、食事の際は父が母の薬を食事のところに置きます。それを母が飲むという具合です。

薬カレンダー
　左・母用
　右・父用

テーマ4　転倒予防の対策

　父母の最大のリスクは転倒です。父は長年の商売で愛用していた自転車で転倒しました。ろっ骨を骨折して自宅療養で治るまで3ヶ月間かかりました。それを機に自転車を廃車しました。今は杖で歩いています。母の場合は要介護2の状態で、外の歩行やデイサービスでの施設の歩行は、杖による歩行から、歩行器による歩行に替えました。それは施設で杖による歩行で転倒したことがきっかけでした。自宅の場合は階段が心配です。2回ほど滑り落ちましたが幸い骨折はありませんでした。

①転倒～骨折～入院～認知症

　高齢者の場合は、転倒による骨折から、長期入院をして寝たきりになり認知症になるケースが多いようです。大腿骨の骨折による手術で3ヶ月入院して、リハビリを行い、退院して元の生活に戻れれば最高です。軽い場合は、自宅療養が出来れば、家族との関わりや会話があるので、認知症予防には良いと思います。
　問題は一人暮らしの高齢者の場合です。一人で自宅で暮らすリスクは、転倒から骨折して入院した場合、そのあと老健（老人保健施設）でリハビリして自宅に戻り、自宅から通所リハビリテーションに通うケースもありますが、家族の選択として、その後の一人暮らしの選択は難しいようです。

②我が家の対策例

　自宅はバリアフリーにしていますが、幸いなことに食事は1階で寝室は2階ですから階段がバリアーとなり、毎日の上り下りが、母にとっては、転倒を意識する最大の場所です。
　リスクは予防にもなります。階段を毎日、食事のために、上り下りすることで、足腰の運動にもなっています。歩行の際の手すりは階段から廊下、そして玄関やトイレ、風呂場まで設置しています。

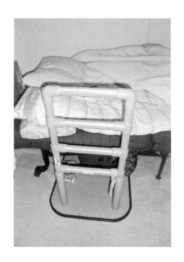

　ベッドも問題です。母はよくベッドから落ちているようです。そこでベッドの横に置くハンド手すり**(右下の写真)** は、ベッドからの移動に便利で安全です。
　入浴の際も転倒の危険が潜んでいます。
　母の場合は、入浴は父の介助が必要です。まずは風呂の中と入口には自分で歩くことのできる手すり、入浴の際の椅子も一般の入浴椅子ではなくシャワーチェアを使用しています。
　浴槽につけるハンドルタイプの手すりも入浴の際に役に立っています。

　歩く場合は杖や歩行器、そして病院までは車いすなど組み合わせで使用します。車いすなどの介助の場合、介助者は車いすの学習が必要になります。階段や坂道などは注意が必要です。
　歩行器をレンタルする場合のポイントは、歩行器の幅や高さや重量などを点検して本人が使いやすいものを選びます。

  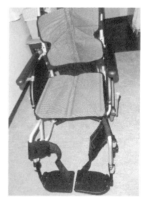

〈介護保険1割の我が家の福祉用具レンタル費用〉
歩行器300円　車いす500円　ベッドの手すり250円　杖100円

テーマ5　母のショートステイ体験

　介護する側の負担を少なくするために、デイサービスとショートステイの上手な活用が大切です。

　特養の短期入所するショートステイですが、すぐには入所できません。2ヶ月から3ヶ月待ちです。結論から言えば、母は2回のショートステイ3泊4日を体験しましたが、体験後、母の場合は、自宅生活に対しての意識や行動が低下しましたのでそれ以後は利用していません。母にとっては、環境の変化に適応できなかったと思います。また、施設の方も、短期入所者に対して、個別にお世話する時間はなく、転倒や誤嚥などのリスクもあります。

　家族も入所するまでは、大変です。事前に持参するすべてのモノに名前を記入します。そして自宅で管理している薬や歯ブラシやメガネや目薬の用意をします。洋服はすべて名前を記入します。

　費用は1割負担で1日3,000円程度、4日間で12,000円程度（入浴1回の場合）です。

テーマ6　母の要介護の生活

第一はトイレでの排尿と排せつの問題

　トイレでの排尿や排せつは自分でしています。しかし運動不足が原因で排せつには苦労しています。主治医からは下剤を夕食後飲むように処方されていますが、デイサービスの前日は翌日のトイレが心配で、下剤を飲まないでいると、数日して便秘となり自分で浣腸をして無理に排せつします。排尿については夜の間はオムツをした期間もありますが、何とか自分でトイレに行くようになりなりました。オムツは寝たきりの場合の最後の方法と考えます。またデイサービスの日にバスが迎えに来ているときに、便が出ないので、浣腸をしたが、1回目は失敗してパンツを2枚汚してしまう。2回目の浣腸はうまく出来たが、便が出ないので、

その日のデイサービスはお休み。しばらくして11時30分ごろ、2階のトイレで排便に挑戦した。浣腸が効いたと見えて、今までに見たこともない太い便のかたまりが排泄された。父も私もびっくり。

　トイレでバターンと大きな音がします。これはトイレで母が自分でパンツを持ち上げるのですが、トイレのふたにひっかけてそのあとにふたが落ちる音なのです。また、トイレの中で自動温水のシャワーを水洗と間違えてトイレの中は水浸しです。現在は水洗シャワーは電源をオフにしています。トイレの中でギリギリする音は母が立つときに手すりにつかまって立つ際に手と手すりが擦れる音です。実際はトイレで自分のパンツは半分程度しか上げることが出来ません。

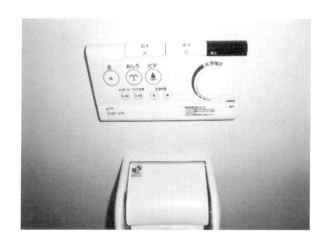

第二は食事の問題

　我が家は冷蔵庫や食器棚や調理道具など別々になっています。母は70代後半から精神的にうつ状態になり心療内科にしばらくの間かかりました。現在は父が食事を担当して母を世話しております。父も商人として生きてきたために趣味はなく母の世話をすることが唯一の生きがいとなっています。その中で母と自分の食事を作り、そして後始末することが毎日の生きがいなのです。食事の時間も私たち夫婦と別の時間帯で

す。食事の買い物も別々です。

　父母の自宅での食事の時間は午前8時から午後4時の8時間のなかで3回です。家族が別々にすることは冷たいようですが、親と子の食文化や好みなどの違いがあり、また別々にすることで親が二人で生きる力を維持するということでは効果的です。母と父の食事の役割の交代は母がガスコンロでエプロンを燃やした時が限界で、父も80歳前後でシルバーの仕事がなくなりましたので良いタイミングでした。しかし母はその後、食事の支度を完全に父に依存しました。

第三は入浴の問題

　母の入浴介助は父がしています。父が元気で母の入浴介助が出来ているので、助かっています。しかし母の洗髪は、1週間に1度、私が洗面所でしています。両親の入浴時間は家族で最後の時間です。その理由は風呂の中で身体を洗うために、次の人が入浴できる状態ではなくなります。風呂の中にはバンドエイドやサロンパスのテープなどいろいろな浮遊物が浮かんでいます。風呂はバリアフリーなのは良いのですが、時々風呂のドアを開けて入浴するので、水や湯気が外に漏れます。いずれは母の入浴は週2回、デイサービスでお願いしたいと考えています。

テーマ7　要介護認定の際の母の介助内容

　要介護度によって、介護保険の自己負担額が変わります。母の場合は、部分介助による生活ですが、その介助プロセスが大変なことを認定者に理解させることがポイントです。

1．日常生活の支障内容ついて
　①母の一日３回の食事の料理の支度から、材料の選択、冷蔵庫の管理、そして食事の後始末はすべて父の役割。母は食べるだけ（食事用エプロン使用）。
　②食後の母の薬は、ポケット付き薬カレンダーから父が母の薬をチェック。
　③朝夕の着替えやトイレの後のズボンの上げがうまくできない。
　④服装の季節感や清潔感の感度が低くなり、自分で整理できない
　⑤母の服や肌着の洗濯、部屋の掃除は父の役割。
　⑥買い物は自分では出来ないので、父の付き添いが必要。
　⑦散歩は自宅の周囲を父と歩く。歩行器使用。
　⑧病院の定期診療には私が付き添って、医師との確認。
　⑨携帯ラジオの操作ができない。
　⑩好きな流行歌を教えても、赤城の子守唄になってしまう。

2．母の認知機能の支障内容について
　①今日の曜日、日付が分からない。
　②トイレの電気を消し忘れる。
　③デイサービスの曜日を何回も確認する。
　④トイレの回数が夜寝る前に数回行く。
　⑤毎日の口ぐせが、体が痛い、寝られないのでツライ。
　⑥朝はウツ的な状況が多く、ベッドの中から出ない。
　⑦服を着たまま、すぐにベッドに横になるクセ。
　⑧いつも手にはティシュか小さい布を持って歩いたり、階段を上下している。

⑨食事をする際に、目を閉じて食事をする。
⑩歩行する際は小刻みな歩行になった。
⑪目の病気でもないのに疲れ目の点眼液を1日4回しないと安心しない。
⑫食事後、自宅ではすぐにベッドに横になる癖が強くなっている。
⑬度のない眼鏡がかけないと脳が安心しない。
⑭口の中に飴を入れておかないと安心しない。
⑮朝起きるとまずは、喉につまっていると感じる痰を何回も吐く。その吐く音は私たちが食事をしている時間にひどくなる（50歳からの母の精神的な持病）。デイサービスでは痰は出さないという。原因がわからない。

テーマ8　母のアセスメント
87歳から90歳までの変化、93歳まで維持

1）日常的動作（ADL）

	87歳	90歳	93歳
①食事	一部介助	一部介助	？
②嚥下	自立	自立	
③口腔	自立	自立	
④整容	一部介助	一部介助	
⑤移動	屋内　自立 屋外　自立	屋内　一部介助 屋外　一部介助	
⑥立ち上がり	自立	一部介助	
⑦移乗	自立	一部介助	
⑧入浴	一部介助	一部介助	
⑨排泄	自立	一部介助	

⑩更衣	一部介助	一部介助	
⑪視力	健常	健常	
⑫会話	聞く 健常 話す 少し難	聞く 健常 話す 少し難	

2）手段的日常生活動作（IADL）

	87歳	90歳	93歳
①食事の用意	不可	不可	？
②買い物	一部介助	不可	
③洗濯	不可	不可	
④掃除	不可	不可	
⑤整理・整頓	不可	不可	
⑥金銭管理	不可	不可	
⑦服薬管理	不可	不可	
⑧通院	一部介助	一部介助	
⑨電話	不可	不可	
⑩ゴミ出し	不可	不可	

3）その他

	87歳	90歳
①上肢・下肢のマヒ	なし	なし
②拘縮	なし	なし
③皮膚	正常	正常
④認知症	日時がわからない →	今起こったことを一部忘れる
⑤褥瘡	なし	なし

テーマ9　母の脳の活性化のためのラジオと歌謡ディスク

①携帯ラジオの購入

　一日の生活時間の中で、午前中は朝食後 30 分くらいは外の空気を吸うために散歩してもらいたいが、父は新聞を読んでいるので、なかなか二人の時間が合わない。父が散歩しようとすると、母は今日は気分が良くないので、散歩をしたくないという始末。そして昼食後の時間の過ごし方がうまくできない。

　そこで二人に携帯ラジオを購入した。父はイヤホーンで上手に聞いているが、母はラジオのスイッチを入れることができない。そして周波数や音量の調整もできない。何度教えてもすぐに忘れてしまう。父が母のラジオの操作をする状態になっている。機械の操作は母にはもうできない状態になってしまった。

②歌謡曲のディスクの購入と歌の練習そして元へ

　ある日、母が1階の食堂で、水森かおりの「鳥取砂丘」を歌っていました。

　歌は趣味のない母の脳の活性化になると思って、ディスクを購入した。後で失敗したと思ったのは、「鳥取砂丘」のカセットのみを購入すればよかったのですが、ディスクにはいろいろな曲が入っていたので、母は混乱したようです。

　母の歌を聴いて音程を修正しては、「鳥取砂丘」の曲を流して、繰り返しました。その場では何とかマスターしたようですが、何十回練習しても、しばらくすると、赤城の子守歌を歌っているのです。その歌を紙に書いて渡しました。

　母はその歌を喜んで歌っていました。そこで気づいたことは、自宅で歌うのであれば音程は気にしないで、自由に歌うことが、母の脳には良いのだと思いました。できれば自宅に防音のカラオケルームかあれば、家族で楽しめて、脳の活性化にもなると思いました。

テーマ 10　両親の声の大きさと日々の悩み

　両親との共同生活での日々の悩みは声の大きさにあります。父は耳が遠く対話ができません。補聴器も使用せずに毎日の生活に不自由はないようです。父の世界は母との生活がすべてです。母も父との生活以外はデイサービスの時間です。問題なのはテレビのニュースを両親が見ているときに、画面のニュースを父が母に大きな声で説明してしまうのです。このような会話スタイルしか父は会話ができません。父の会話は常に一方通行なのです。しかし母は自分から話題を提供しません。

　このスタイルが父と母の生活スタイルです。壊すことが出来ません。父が母にテレビの画面の説明だけが、夫婦の生きがいの時間なのです。父がその説明をしないことは、父の存在価値が失われてしまうのです。また母も退屈な時間を持て余してしまうのです。

　デイサービスの出来事なども話しません。食事の時間も父が母の食べ方を指図している会話です。妻が隣の部屋で昼寝も出来ません。これが昼から夕にかけて寝るまで続きます。特に昼食後と夕食後が声のボリュウムが上がるのです。その両親の話し声が、私ども夫婦の耳について離れないようになっています（夜中に話しているような声が耳に残ってしまいます）。

　二人が静かな時は、母が寝ているか、父が食事の支度をしているときです。私共夫婦の解決策は、それぞれに外出することですが、母のデイサービスの時間こそが我が家の静かな時間です。

テーマ 11　眼鏡の購入と値段の判断能力

　父が母を病院に付き添っていたころ、母の年齢は 80 歳前半で、母の白内障の手術の後で、近所の眼鏡屋さんで外の日光を防ぐための度のない薄い色の眼鏡を父と二人で購入したようです。その眼鏡のネジが緩んだので眼鏡グラスが外れてしまいました。そこで私が眼鏡専門店に無料

で修理してもらいました。私は眼鏡専門店で予備の眼鏡（サングラス）を9千円で購入しました。ちなみに修理した眼鏡を購入した値段を聞いたら町のメガネ屋さんで6万円だったようです。

　逆に父は自分の老眼鏡を巣鴨のとげぬき地蔵の出店で1,000円で購入したようです。その眼鏡も止める部分が外れて、セロテープでとめて使っていたので、不便そうなので、私が専門店で3,000円で購入しました。現在では両親は眼鏡以外にもラジオやイヤホーン、そして普段着なども購入ができません。二人でできるのは、毎日の日用品（ティッシュペーパー）ぐらいです。食料品だけは父が購入しています。すでに日常生活以外のものでの値段の判断能力はなくなっている状態です。

テーマ12　ニッパの爪切り

　母の足の親指の爪は、硬くてひどい巻き爪になっています。巻き爪は一般の爪切りでは無理で、巻き爪を切る「ニッパ」という爪切りが必要になります。私はスーパーの福祉用具売り場でニッパの爪切り（やすり付き）を2,300円で購入して、2～3ヶ月に1度、母の爪を切っています。

テーマ 13　母の膝のサポーターの購入の失敗と成功

　母が歩く際に膝が痛いということで、ドラッグストアで膝サポーターを購入した。しかしそのサポーターは、足の先から膝まで引き上げるのが大変。父が母の足の膝まで持ち上げるのだが、新しいサポーターは、硬くてあげるのに苦労してしまう。また、部屋で休んでいる場合でも付けてしまうので、今度は足の血行が悪くなり、逆に筋肉を弱めてしまう。そこで、通信販売で膝ベルト式サポーターを購入して使用した。装着はやりやすくなった。老化による膝や腰のなどの痛みは、整骨院でマッサージを受けてもその時だけで、完治することはない。

テーマ 14　食事用エプロンの購入

　母の認知機能が低下している。そこで食事用エプロンを購入して食事の際には、父が母の胸に掛けるようにして、食べています。しかし母の場合は食事のときに、目を閉じて食べるようになり、カーペットやいすの間に、ごはんやおかずのこぼした残りかすが落ちる。父はその都度、母に注意しているが、すでにマンネリになっています。食事用エプロンが役に立たない。後は妻が掃除をしています。

テーマ 15　町医者（かかりつけ医）の存在価値の確認

　我が家では町医者を二度替えました。そこで気づいたことがたくさんありました。
　最初のきっかけは、今までの町医者が急逝したことでした。幸いなことに近くに病院がありましたので、私が両親の付き添いで1ケ月に一度薬の処方と定期診療をすることにしました。母の場合は内科と眼科の検査をし、父は内科と泌尿器科の検査です。その病院では整形外科もあり

ましたので、とにかく高齢者の患者の方が多くいました。一番の問題は診療のための待ち時間が長くかかりました。診察は5分程度で、待つ時間は2時間です。その後の処方箋の薬局での待ち時間が1時間で合計時間が3時間ぐらいかかります。父は耳が遠くて会話ができません。母は何もわかりません。おそらく二人でこの新しい病院での検査から料金の支払いと医師との薬の確認そして処方箋の薬局での薬の確認と料金の支払いは不可能です。私が必ず付き添い、診察の終えた両親は車いすで先に帰しました。

現在は自宅近くに新しい町医者が開院しましたので、いままでの病院から町医者に変わりました。そこで我が家全員が診療しています。施設環境もよく先生は若くてよく相談にのっていただきます。最高に素晴らしいことは待ち時間がほとんどないことと、自宅から近いことです。そして在宅診療ができることが魅力です。

テーマ16　母の洗髪と加齢臭対策

父母の部屋の加齢臭が強くなっています。はじめは原因がよくわかりませんでした。父母は加齢臭という言葉も知らないし、臭いも気にならないようです。そこで最初は芳香剤や香水などを試したのですが、すぐに香りは消えてしまいます。次に消臭炭を2kgほど母のベッドの下に置きましたが気休めでした。そこでよく点検してみると、母の髪の臭いが強くなっていました。原因は母の洗髪を父に任せていたので、簡単に石鹸で洗っていたようです。母は耳に水が入るので嫌がっていました。そのため洗髪が省略されていたことが原因のようでした。そこで私は母の洗髪の担当になりました。母の洗髪は洗面所で1週間に1回と決めました。洗髪用具は洗面ハット、耳栓、ビニールシート、バスタオル、タオル、洗髪ブラシ、シャンプーです。特にシャンプーは加齢臭用のシャンプーを探しました。母の髪は硬くなってしまうので、普通のシャンプーでは泡がすぐに立ちません。そこで大塚製薬の薬用スカルプシャンプ

ー「ウル・オス」を使用しました。その結果、母の頭髪の加齢臭は消えて部屋の加齢臭も弱くなりました。しかし今度は市販のサロンパスを父が購入して体に張ったことで、部屋や廊下やトイレがサロンパスの臭いで充満しています。早速かかりつけの医師に無臭の湿布テープをいただき、それを使用して、サロンパスの臭いは消えました。

テーマ17　起床の際のめまいと血圧の関連性

　母は時々、起床の際にめまいがするので、気分が悪いといいます。血圧が低いとめまいが起こりますが、母の場合は下が80で上が105で正常値のようですが、わかりません。母の場合は血圧が140〜160の状態が気分が良いようです。耳の医者でも診察しましたが、三叉神経が老化のために起こるかもしれませんが、別に異常なしということです。以前は無意識のうちに血圧の薬を飲んでいましたが、今は飲んでおりません。母の血圧は血圧の薬を飲まなくても80〜140を維持しています。そして以前のようなめまいがなくなったようです。

　また、起床する場合のベッドからの起き上がり方の手順も良くありませんでした。母は起床のときに、頭から起き上がろうとします。そこでベッドからの正しい起き上がり方をいうのですが、なかなかできません。

　まず膝を立てる➡横になる➡足をベッドの下におろす➡肘を布団におく➡もう一方の手で手すりをつかむ➡そしてゆっくり起き上がるのです。

　何回も繰り返し教えてもすぐに忘れてしまうようです。

テーマ18　母のうつと睡眠薬の関係

　母のうつがひどくなったので、87歳のときに心療内科に行きました。そして抗うつ薬を処方していただきました。半年ほど通いましたが、効果がないので様子をみながらやめました。問題はうつとアルツハイマーの違いですが、うつの場合は意欲が低下して思考力や集中力が低下します。そして身体的には疲れやすくなり、気力が減退して、ひどくなると強いうつ気分になり、死への思いが強くなります。

　母は現在90歳ですが、87歳と現在を比較した場合は、うつの状態は少し改善しています。一時歩行が困難になりましたので、水頭症かもしれないと思い、脳神経外科で脳の画像検査をしましたが、違いました。

●母のうつと睡眠薬の関係

　母は夜眠れないということで、まだ父と二人で以前の病院で、睡眠薬を処方してもらい、母と父で服用していました。母の場合は、睡眠薬としても抗不安薬としても良いという理由で朝、夕2回服用していました。睡眠薬は「BZ系」の薬です。この薬は脳の神経伝達物質の働きを抑えることで、眠りをもたらしたり、不安を抑えたりすることで即効性が高い薬でした。しかし高齢者の場合には、適切に処方、服用できないと、不眠改善効果よりも、転倒や骨折や健忘のリスクが高くなるようです。母もこの薬で一日中ボーッとしていました。

　私はこの睡眠薬（精神安定剤）が問題と思い、服用をやめました。そしたらどうでしょう。母の意識は朝からハッキリしてきました。

テーマ19　在宅介護を支えるスタッフとのネットワーク

＊特にケアマネージャーとホームヘルパーの連携が密であること
　① 家族
　② 地域包括支援センター

③ 役所・健康福祉部高齢福祉課
④ ケアマネージャー
⑤ ホームヘルパー
⑥ 訪問看護師（訪問看護ステーション）
⑦ 医師（往診・訪問診療）
⑧ 歯科医師（口腔ケア・嚥下予防・入れ歯の調整）
⑨ 歯科衛生士
⑩ 薬剤師
⑪ 退院調整看護師・医療ソーシャルワーカー
⑫ リハビリスタッフ

テーマ20　母の体の痛みの特徴

　母の介護を通して、痛みの全体像が見えてきました。基本的には、精神的な問題が大きく左右しています。生活に対しての目標はなく、生きる意欲が低下しています。言葉は、二単語です。特徴的な言葉は「痛い」と「つらい」です。週3回のデイサービスのときだけは、不思議なぐらい元気です。問題は自宅での生活なのです。
　毎月のかかりつけ医の診察では、血液検査や尿検査でも正常な数値を維持しています。血圧も薬を服用しないで、80〜140を維持しています。

　母の「痛い」と「つらい」、特徴は6つです。
① 目の調子が悪いこと・・・眼科では視力も正常で目の病気もないということです。解決策は、目薬をさすと落ち着くので、疲れ目の目薬を使用することと、度のない色付きの眼鏡をかけることです。
② 入れ歯が合わずに、歯茎が痛むこと・・・寝る際に上の入れ歯だけ入れて寝ていたので、下の歯茎が傷ついたこと。顎関節症の問題もあるようですが、無視していたら、本人も忘れたようです。
③ 頭の奥がチクチクする・・・耳鼻科で耳の奥を診察したが正常で、チ

クチクの原因は三叉神経の老化が原因であろうとの診断。経過観察。どうしても治らない場合は、頭痛にノーシンの薬を服用。気分が落ち着く。
④ 階段を上下する際の膝と腰の痛み・・・老化による筋肉や骨の衰えで耐えるのみ。ゆっくり動作することで生活の維持。整骨院では治らないので行かない。
⑤ 便秘と下剤・・・母の最大の課題は運動不足と食べ過ぎなどによる便秘のコントロールです。これには医師の処方による整腸剤と下剤で本人も調整しています。時々自分で浣腸をしているようです。

　＊問題発生　母は便秘と判断して、下剤を前日と当日の朝服用した。デイサービスから帰宅して夕食後急に下痢となり自分でトイレで自分のパンツや靴下や便器を汚してしまう。そしてトイレの水でそれを洗い、靴下の片方を便器の中に流す。父がその靴下を洗う時に片方がないので気づきました。

　解決策　・パンツは洗わないで捨てる
　　　　　・下剤の服用に注意する
　　　　　・配管に流れた靴下の処理は業者にTELで対応

⑥ 夜眠れないという辛さ・・・我が家では睡眠薬は使用していません。母には「自分で規則正しい生活をすることで解決してください」と言っています。

　本当の解決策は生活の自立ではないかと思います。母は食事の支度から料理の中身まで、父に任せています。しかし何を思ったのは、母が久しぶりに、自分で大根の煮つけを作った。続いてブリの煮つけも作る。母の潜在意識の中には、昔自分が作った食事の記憶が残っている。この記憶を引き出して、煮つけの料理を作る気持ちが強くなればと思う。課題は時間を置かず動機づけること。時間をおいてから、そのことを聞いてみると、本人はその料理のことは忘れています。

テーマ21　介護対策会議

　要介護認定の介護度が認定委員会によって決定されると、役所から通知が来ます。その介護度で介護保険での介護サービス1割負担のサービス内容を検討します。
　母の場合は要介護2で認知機能の支障の問題と生活介助について部分介助の状態です。
　介護対策会議は、ケアマネージャーとデイサービス施設の責任者と介護福祉用具機関の担当者と家族です。母の課題は転倒による骨折が最大の問題です。後は食事の内容です。
　前のページでも述べましたが、最初のデイサービス施設は少人数の家族的な施設でした。その施設ではテーブルでの脳トレが中心でマシーンがあるのですが、母には不適当でした。また、食事は弁当の出前で母の好みには合わないようでした。特養のデイサービス施設に替えてからは、とても元気になりました。今の施設でのサービスは管理体制も良く、食事も手造りで、転倒対策にも相互に連絡をとっています。

テーマ22　車いすと歩行器の選択

　母が町医者から病院に変わったときには、距離が母にとっては遠くて、転倒リスクや事故を考えて、車いすで月一度の通院をしました。しかし今度は新しい町医者が近くに開院しましたので、車いすから歩行器で行くことにしました。
　在宅の場合は車いすと歩行器の選択が自立歩行の分かれ目です。問題は病院までの移動距離や道路での転倒リスク、そして本人の認知の支障の程度などいろいろな要素があります。

車いすのレンタルのポイントは、操作の手軽さ、乗り心地、収納（幅や重さ）、レンタル費用などです。
　歩行器の場合は、使いやすさ、重さ、高さ、幅、収納、レンタル費用です。

テーマ23　在宅用介護食品の現状

（産経新聞　介護・医療）

　在宅高齢者向け介護食品がスーパーやドラッグストアで販売を強化しているという。その理由は、政府の施設介護から在宅介護の強化への方針転換です。しかし現実問題として、介護食品は商品回転率の悪さなどで、専用の売り場を設ける店舗は少ない。

　我が家の近くの大手スーパーやドラッグストアにあるかどうか確認しましたが、スーパーでは、一部の店舗で福祉売り場にあるだけで、近くのドラックストアにはありません。またコンビニにもありません。商品内容も老舗のキューピー（渋谷区）の介護食だけありましたので、何種類か購入して自分で食べました。この商品は入れ歯なしでも食べられるもので、美味しくできていました。現実的には母が寝たきりの状態の場合はこの介護食は有効なものと感じました。どのような状況で提供するかはケースバイケースだと思います。

　介護食品例　1）森永乳業　介護食「やわらか亭」シリーズ
　　　　　　　2）キューピー　「やさしい献立」シリーズ
　　　　　　　3）ベビーフード大手・和光堂　「食事は楽し」シリーズ
　　　　　　　4）明治　「やわらか食・横浜中華街」シリーズ

テーマ 24　母の食事メニュー

　母の食事メニューは父が考えます。母の場合は入れ歯、胃腸の調子、便秘などの身体的条件と、あまり歩きませんので慢性的に運動不足です。
　週3回のデイサービスでは、昼食が用意されています。また、おやつとして簡単なお菓子などが用意されています。昼食はデイサービスでは「おじや」でお願いしています。
　我が家の母の朝食は基本的には洋食です。内容は牛乳、バナナ、ホットコーヒー、ロールパンやロールケーキとジャムです（近くのコンビニで購入）。
　和食の場合は、みそ汁、ごはん、納豆、ビン詰のノリのつくだ煮や、鮭、なめこ、ふりかけ、梅干しなどです。胃腸の調子が悪い場合は、おかゆに卵を混ぜています。野菜は生では食べられませんので、みそ汁に入れたり、おじやに入れたりしています。夕食はみそ汁にごはんにシチューなどを作っています。フルーツはリンゴや柿と缶詰のモモやミカンで、リンゴは刻んだものでいろいろなフルーツと混ぜています。母はそれをフォークで美味しそうに食べています。
　副食はさしみや焼き魚（鮭が基本）やサバ缶や冷凍食品でシューマイや餃子などの中華ものが基本です。コーンもよく料理に使っています。夕食の場合のテーブルはとにかく小皿が多いのです。そこにいろいろなものがあります。時々はカップラーメンのメンのみを主食に料理したものもあります。父の料理の独創性はすごいものがあります。冷蔵庫は私たちの冷蔵庫と両親の冷蔵庫とがあります。

テーマ25　母の介護保険サービスと介護費用 (H28.7)

　平成28年7月から母は要介護認定が3→2になりました。居宅サービスの利用限度額と1割負担の内容が下記の通りです（月額）。

	利用限度額	1割負担
要支援　1	5万0030円	5000円
要支援　2	10万4730円	10470円
要介護　1	16万6920円	16690円
要介護　2	19万6160円	19610円
要介護　3	26万9310円	26930円
要介護　4	30万8060円	30800円
要介護　5	36万0650円	36060円

　　デイサービス料金　　（母の通所介護施設）
1日5時間以上7時間以内の場合の料金（27年4月）

	1日料金	1割負担
要介護　1	6,234円	624円
要介護　2	7,368円	732円
要介護　3	8,502円	851円

母の場合、月13回として
① 通所介護　（732円＋20円）×13回＋400円＝10,176円
　　　　　　　※サービス体制　1日20円
　　　　　　　※介護改善加算　4％　約400円
② 食事（おやつ含む）600円×13回＝7,800円
③ 入浴費　1回あたり545円（自己負担55円×5回＝275円）

要介護2・デイサービス合計費用（週3回入浴1回）＝18,251円
その他　やさしい手・福祉用具（歩行器・手すり）＝500円

課題　介護保険の限度額を超えそうになる人は、認知症や独居、日中独居の人が多い。単身や認知症の人の介護費用の負担は限度額の上乗せが必要になる。

テーマ26　介護サービス利用者の2割負担

（東京都北区介護保険課）

　介護保険サービスの負担割合は、基本的には1割負担ですが、収入や所得の高い人は平成27年8月から2割負担になりました。

①と②すべてに該当する方です。
①65歳以上で、本人の合計所得金額が160万円以上
　※「合計所得金額」とは収入金額から必要経費に相当する金額（収入の種類により計算方法が異なります）を控除した金額のことで、扶養控除や医療費控除をする前の金額です。
②同一世帯の65歳以上の方の
　年金収入＋その他の合計所得金額が
　　　一人の場合　　　　　　　　280万円以上
　　　二人以上の場合は、合わせて　346万円以上
　※「年金収入」には非課税年金（障害年金・遺族年金）は含まれません。
　※「その他の合計所得金額」とは、合計所得金額から年金の雑所得を除した金額です。

※平成28年8月から介護施設での食費と住居費の利用者負担の軽減の計算で「年金収入」について、今まで非課税年金であった「遺族年金」や「障害年金」も収入に含めて判定することになりました。

テーマ27　熱中症とクーラーと扇風機と水

　夏になると心配なのが熱中症です。かかりつけ医からは、熱中症対策として水分の補給や室内の温度管理について注意されています。父はテレビを見ながら扇風機をかけています。扇風機は直接体に風を当てるとよくないと医者からも言われていますが、父は昔の考えで、関係なく扇風機を使用しています。

　クーラーの温度管理は、室内温度計があるので、28度を基本にクーラーを動かすように父には指示をしていますが、時々、冷房と暖房のスイッチを間違えたりしています。父は暑がりで、母は寒がりですので、温度感覚が違うためにクーラーの温度管理が難しいようです。

テーマ28　認知症予防あの手、この手（産経新聞より）

　認知症予防には日々の取り組みが大切です。1日1回は他人と話をすることは、最低限欠かせないこと。福岡県久山町の研究では、大豆製品を多く食べる、牛乳を飲む人が認知症になりにくいとのデータが出ています。

　また、国立健康・栄養研究所の宮地元彦増進研究部長は「卓球などの球技はルールを考えながら動くことで、脳がより活性化する」と運動による予防の重要性を訴えます。東京都中野区では、カラオケ機器を利用して高齢者向けプログラムを提供しています。そのほか新聞記事を音読する、料理を作るなど多様です。

　我が家では、父が認知症予防のために新聞の音読をして母に聞かせています。母の認知症予防は、歩くこと、話すこと、書くこと、お手玉50回、階段の1段目のところで上下足踏み50回（朝・昼）、ラジオを聞くことなどですが、運動については、89歳後半から意欲の衰えが目立ち、90歳では歩くことや階段の上下運動、お手玉などを止めてしまってい

す。日中はベッドに横にならないように注意をしていますが、すぐに横になります。

テーマ29　認知症に強い脳をつくるウォーキングのすすめ

　「NPO認知症予防サポートセンター」のファシリテーター養成講座（集中コース　地域型認知症予防プログラム）に参加して
　テキスト「認知症に強い脳をつくるウォーキングのすすめ」
　　編集・発行　NPO認知症予防サポートセンター
　　　　監修　東京都健康長寿医療センター　　　　（620円＋税）

テキストの「はじめに」のなかから

1．ウォーキングなどの有酸素運動をしている人は、アルツハイマー病や脳血管障害による認知症になる人が少ないことや、ネズミを運動させるとアルツハイマー病のもとになる脳内のアミロイド蛋白が出来にくいことが分かってきました。

2．ウォーキングには他にもさまざまな効果が期待できます。高血圧や高コレステロール、肥満、糖尿病、心臓病、骨そしょう症などの生活慣習病が予防できます。また、ウツ的な気分が解消する、スタミナがついて、疲れにくくなり、眠りの質がよくなり、足腰が鍛えられて転びにくくなるという効果もあります。

3．認知症になる前には、出来事や体験を記憶して思い出すエピソード記憶や、目標を決め手順を考える計画力、そしていろいろなことに注意を配る注意分割機能が落ちます。認知症にならないためには、こうした機能を重点的に鍛えることが有効です。

3つの機能低下の防止のために
①エピソード記憶……体験したことを覚えて後から思い出す ②注意分割機能……複数のことに注意を振り分ける能力 ③計画力（思考力）……手順を考える能力
鍛えるためのコツ
①楽しいことや興味のあることで鍛える ②精神的努力を要する作業を行う。新しいことをする ③誰かと一緒にやる

4．ウォーキングは手軽に、しかもどこでもできる有酸素運動です。東京都老人総合研究所では認知症予防の研究から、高齢者がウォーキングを通じで認知症予防に役立つ活動を長く維持していく方法を開発してきました。このテキストはこうした成果をもとに作られています。

5．ファシリテーター養成とは、グループでのウォーキングプログラム作成から実践そして発表など、ウォーキンググループが地域で活動する場合のサポーターです。

 ファシリテーターの役割
  ①グループメンバーが情報を理解できるような情報提供
  ②ファシリテーターの期待や価値観を押し付けない
  ③適度な心理的距離が取れる

 5回のプログラムでウォーキングの習慣化のための知識や方法を学び、学んだことを実際に体験してみることが出来るようになっています。プログラム終了後もグループの仲間と活動を継続することを目指しています。

 ※印象はプログラムの内容が専門的で高齢者の日常的なウォーキングプログラムへは難しいと感じた。そして一番大変なのがグループの仲間と継続して活動すること。

テーマ30　誰でも出来るピンポン運動(自己開発運動)の実践

　このヒントは認知症に強い脳をつくるウォーキングのすすめに参加したことがきっかけでした。そして僕が学生時代、卓球を体験したこと。現在は脊柱管狭窄症で腰の手術を受け、治りましたが、卓球のような激しいスポーツは出来ませんので、ラケットとボールだけのピンポン運動をしています。特に強い脳をつくるために一人でも出来ますし、二人でも三人でも出来ます。メニューは自由です。

基本原則その1
　①笑うこと
　②脳を使うこと
　③勝負ではないこと
　④続けられること
　⑤身体は無理にならないこと（血圧・心拍）

基本原則その2（技術編）
　①右手と左手を動かす
　②素振りを繰り返す（立っていても、椅子でもいい）
　③ラケットでボールを打つ（下でも上でもいい）
　④壁に打ちつづける
　⑤続けることで集中力を向上させる
　⑥二人で行う場合は
　　ア）羽根つきの要領で行う
　　イ）床を転がして行う
　　ウ）壁に当てて相互に打つ
　　エ）どちらが多くカゴに入れるか競争する

ポイント
　結論は、誰でも出来る認知症に強い脳をつくるトレーニングは自分で開発することが大切なことです。コツは、①楽しいことや興味あること、②精神的な努力を要すること、③誰かと一緒にやることです。問題は場所や時間や費用に対して負担にならないことです。

『認知症に勝つ』文藝春秋スペシャルより
　認知症予防講座として「健康麻雀」(日本健康麻雀協会)や「夢のみずうみ村」のノウハウを各自治体が取り入れて、デイサービスで実施されている。

　※日本健康麻雀協会
　　スローガンは「金を賭けない、酒は飲まない、たばこは吸わない」。
　　運動不足解消には、半荘ごとにスクワットやつま先を上げてゲームをすることなど、いろいろ工夫されています。
　※夢のみずうみ村
　　山口県山口市のリハビリ施設(デイサービスなどの小規模多機能施設)では、施設内通貨を導入してカジノゲームなどを行っています。

おわりに

　現在、我が家は私（68歳）と妻（67歳）そして両親（父93歳　母90歳・要介護2）の4人で生活しています。母は週3回のデイサービスに通い、食事や排せつや入浴は援助を受けながら自立した生活を何とか維持しています。父は一日3回の母の食事の支度と洗濯、買い物、入浴援助（母の髪は私が日曜日に洗面所で洗います）、そしてデイサービスの送迎の際の対応などです。食事や着替えなどで、認知力の低下が始まっている母への父の献身には頭がさがります。両親の生活をサポートするのが、妻と私です。妻のサポートは大変です。父の家事によることが原因で物を詰まらせた台所の後始末、ティッシュを入れてしまった洗濯機の後始末、料理をした後のガスコンロのつまりの修理、毎日の生ごみの後始末、電子レンジの中に物を入れ過ぎて料理した後の掃除、その他ざまざまの日用品の管理などです。妻のサポートなくては我が家はゴミ屋敷です。

　我が家では電化製品は出来るだけシンプルなものを使用しています。電子レンジ、洗濯機、ラジオ、トイレはウォシュレットを使用しません。母が間違えてしまうのです。クーラーも温度管理ができませんので固定します。それでも暖房と冷房を間違える状態です。仏壇のお線香も火事の原因のため使用しなくなりました。

　私の両親へのサポートは、薬の管理、各種書類の申請、ケアマネージャーやデイサービスの対応です。薬は医者との関係ですから、両親の医者は私が指定して、薬の内容の管理も行います。特に母の場合はウツの状況が認知症と似ていますので、精神安定剤や抗うつ剤は要注意です。母は歯医者を10回ぐらい変えて入れ歯の問題に悩みましたが、結局は寝る時に、上の入れ歯をいれていたのが原因で、下の歯茎を傷めたことでした。これでは入れ歯を何回治しても歯茎は治りません。そのようなことが本人にはわからない状態になっています。もちろん高齢の父にも

わかりませんでした。同じように目の医者から耳の医者、そして整骨院への通院なども、保険を無駄に使用したようなものです。我が家では、両親だけではそれぞれの医者との関係や薬の判断はできません。両親は以前は何の薬を飲んでいるのかもわからず、いつ飲むのかも母はわかっていません。もちろん父も母の薬には無関心です。両親が自分で薬を判断して管理することは困難な状況です。現在は、私が医師と相談して管理しています。

　金銭の管理は、1ヶ月の生活費の管理を父にさせるのみです。金融機関へは私がいってＡＴＭで生活費をおろして父へ渡します（父はＡＴＭが使えません）。

　特に防犯は要注意です。電話や訪問の各種セールス、おれおれ詐欺など、我が家では両親は、電話や訪問は、一切対応しない、そして電話には出ないことにしています。

　最大のリスクは母の転倒です。90歳の母が転倒して骨折すれば、間違いなく「骨折〜手術〜長期入院〜認知症」です。これも時間の問題です。そして現在の母の認知症の経過は、心と身体の二つから変化が見られます。まず体の変化は自宅にいる場合は、ほとんど寝ている状態になっています。どんなに寝ないほうが良いといっても、難しい状況です。心の状態は消極的な言葉しか出てきません。「辛い」という言葉ばかりです。「辛いという言葉より感謝という言葉のほうが心にとっていいですよ」と何回言っても本能が「辛い」という言葉を選択してしまいます。行動異変では、トイレでパンツを下ろさないで便をしてしまい、肌着や床のマットが便だらけになりました。自分ではなぜそうなったのかわからないようです。今後、母の認知症という課題に対してどのような在宅介護が出来るのか、そして父母の尊厳ある生き方、死に方とは何かを問いかけながら一日一日を感謝して、歩いていこうと思います。

　最後にこの本の作成にあたり公益財団法人富士社会教育センターの萩原広行氏には大変お世話になりました。ありがとうございました。

水越 信男（みずこし のぶお）

1948年東京都北区生まれ。1970年東京経済大学経営学部卒業。株式会社赤札堂入社、その後赤札堂労働組合、ゼンセン同盟流通部会にて労働運動について学ぶ。その後、財団法人富士社会教育センターにて勤労者教育に携わり、常務理事を歴任、現在、参与。2000年日本ファイナンシャルプランナーズ協会認定AFP取得・二級ファイナンシャル・プランニング技能士、2008年ホームヘルパー２級取得。認知症サポーター。

著書　「いまだに僕は」
　　　「もう一人の自分からの出発」
　　　「心の生かされ方・マネーの働かせ方」
　　　「セカンドライフのマネープラン」
　　　「水越家のお経」　ほか

介護という生き方に強くなるために　我が家の介護備忘録

平成28年11月1日発行

著　者　　水越　信男
発行所　　公益財団法人富士社会教育センター
　　　　　〒101-0024 千代田区神田和泉町 1-12-15 O・S ビル3階
　　　　　電話 03-5835-3335　FAX03-5835-3336
印　刷　　第一資料印刷株式会社

©Mizukoshi Nobuo 2016 printed in Japan.

ISBN978-4-938296-74-2